# Immobilien kaufen zum Geld verdienen

## Die 5 goldenen Techniken

Wie Sie verborgene Schätze auf
dem Immobilienmarkt entdecken.
So sichern Sie sich hohe Renditen
durch clevere Investitionen

LEONARD BALZER

# Inhaltsverzeichnis

# Einleitung

Das Betongold gewinnt nach wie vor an Wert. Auch wenn es seit Jahren kritische Stimmen und Befürchtungen über das Platzen einer Immobilienblase gibt, entwickeln sich **Immobilienpreise und Mietspiegel fast ununterbrochen aufwärts**; dies gilt mittlerweile nicht nur für Großstädte, sondern ebenso für das Umland der Großstädte und für kleine Städte. Die positive Wertentwicklung von Immobilien in Deutschland und ebenso im Ausland ist ein Argument für eine Investition. Auf der Suche nach Investitionsobjekten tun sich allerdings Herausforderungen auf:

- In welchen Städten und Stadtteilen gibt es überhaupt noch bezahlbare Immobilien, bei denen zugleich eine zeitnahe und konstante Wertsteigerung wahrscheinlich ist?
- Wie findet man in kleinen und wenig populären Städten die wenigen Investitionsobjekte, die bei einer Vermietung oder einem Wiederverkauf eine gute Rendite abwerfen?
- Nun, da in Deutschland die Immobilien bereits stolze Preise erreicht haben – wäre da nicht eine Investition in Auslandsimmobilien eine Überlegung wert?
- Mit welcher Technik ist es möglich, durch die Kreditfinanzierung möglichst sicher und bei hoher Renditewahrscheinlichkeit in Immobilien zu investieren?
- Was ist bei Investitionsobjekten zu beachten, die auffällig günstig sind und mit einem Wohnrecht oder mit Altlasten verkauft werden?

Immobilien zu einem Preis zu kaufen, zu dem sich noch eine **zufriedenstellende und lukrative Rendite erzielen** lässt, wird aufgrund der überall steigenden Kaufpreise und Mietspiegel immer mehr zum Kunststück – egal, ob Sie die gekaufte Immobilie nach einer Renovierung sofort wiederverkaufen oder langfristig vermieten möchten.

Aufgrund der stetig positiven Wertentwicklung von Immobilien und der Mietsteigerungen müssen Sie als Investor kreativ werden, um eine Immobilie zu Konditionen kaufen und verkaufen zu können, zu denen sich eine Investition für Sie lohnt. Auch Vermieter müssen bei der Immobilienauswahl eine gewisse Kreativität an den Tag legen.

*Wie erreichen Sie eine solche Kreativität?*

Genau darum geht es in diesem Ratgeber! Suchen Sie in den ersten 5 Kapiteln aus den **vorgestellten 5 Techniken zur Auswahl der richtigen Investitionsobjekte** die Techniken heraus, die Ihnen zusagen und die für Sie persönlich umsetzbar sind. Dieser Ratgeber ist nicht nur für Einsteiger im Immobiliengeschäft informativ, sondern enthält auch für Fortgeschrittene reichlich neues Know-how. In diesem Buch lernen Anfänger sowie Fortgeschrittene folgende Konzepte zur Investition in Immobilien und folgende Techniken zur Auswahl der richtigen Investitionsobjekte kennen:

- Auswahl von Immobilien mit Mietsteigerungspotenzial
- Investition in preisreduzierte Immobilien mit speziellen Eigenschaften
- Fix & Flip: Sanierungsbedürftige Immobilien in B-Städten kaufen und wiederverkaufen
- Investition in aufstrebende Städte und Stadtteile im Ausland

- SWOT-Immobilienanalyse zur Minderung von Risiken und Steigerung der Ertragschancen

Die Auswahl an Techniken wurde dabei so getroffen, dass sie **für möglichst viele Personen umsetzbar** sind. Auch wenn Sie beispielsweise kein sechsstelliges Kapital für den Barkauf von Immobilien haben, so sind einige der Techniken immerhin mithilfe der Finanzierung durch einen Immobilienkredit umsetzbar. *Sie erhalten von den Banken keinen Kredit und haben ein Kapital von lediglich 20.000 Euro?* Dann können Sie über einen Zeitraum von mehreren Jahren eventuell das in Kapitel 3 vorgestellte „Fix & Flip"-Konzept durchführen.

Falls zurzeit keine der Techniken zur Auswahl der richtigen Investitionsobjekte für Sie umsetzbar ist, kommt in der Zukunft sicher die Gelegenheit dazu. Aus diesem Grund und zur Erweiterung Ihres Fachwissens in Bezug auf Immobilien lohnt es sich in jedem Fall, dieses Buch zu lesen. Viel Erfolg und zahlreiche neue Erkenntnisse dabei!

# #1 Mietsteigerungspotenzial fokussieren

Die Technik zur Auswahl von Investitionsobjekten, mit der sich dieses Kapitel befasst, kann bei Immobilien angewandt werden, die zur Vermietung vorgesehen sind. Als Vermieter generieren Sie ein laufendes Einkommen durch die Mieteinnahmen. Mit der Zeit steigen die ortsüblichen Vergleichsmieten in der Umgebung, sodass auch Sie Ihre Miete erhöhen dürfen.

Einen besonderen Vorteil bringen Ihnen die steigenden Mieteinnahmen, falls Sie die vermietete Immobilie über einen Kredit finanziert haben. Die **Mieteinnahmen senken nämlich die laufenden Kosten**, da durch die regelmäßige Steigerung der Mieteinnahmen die Einnahmen irgendwann die Ausgaben übertreffen, was bedeutet: Sie haben einen positiven Kapitalfluss (engl. Cashflow) durch die Immobilie. Der positive Cashflow ist der Schlüssel dazu, zeitnah die nächste Immobilie bei der Bank finanzieren zu können.

Dieses Prinzip der Finanzierung, Mieterhöhung und erneuten Finanzierung ist unter Immobilienvertrieben weit verbreitet. Zahlreiche Vertriebe in Deutschland erstellen ihren Kunden in Anlehnung an dieses Prinzip sogenannte „Immobiliensparpläne“ und „Immobilien-Altersvorsorgen“. Alles, was die Kunden benötigen, um mit der Finanzierung und Vermietung der ersten Immobilie zu starten, sind

- ein unbefristeter Arbeitsvertrag (bei Selbstständigen ersatzweise die Gewinn- und Verlustrechnungen der letzten 3–5 Jahre),
- mindestens 3 Monate in Anstellung,
- eine eintragsfreie Schufa
- und ein monatliches Mindest-Nettoeinkommen in Höhe von 2.000 Euro (bei Selbstständigen bis zu 50 % Eigenkapital und von Jahr zu Jahr steigende Gewinne aus der selbstständigen Tätigkeit).

Zur Umsetzung der Strategie findet eine **bestimmte Technik der Immobilienauswahl** Anwendung: Es wird gezielt nach Immobilien mit hohem Mietsteigerungspotenzial gesucht. Bei diesen ist der zeitnahe Eintritt eines positiven Cashflows wahrscheinlich und die schnellere Umsetzung dieses speziellen Vermietungskonzepts möglich.

## Grundlegende Idee: Mieteinnahmen finanzieren Kreditkosten

Immer dann, wenn mit einer Immobilie ein **positiver Cashflow** erreicht wird, sind die **Voraussetzungen für eine erneute Immobilienfinanzierung optimal**. Die Kreditinstitute prüfen vor jeder Finanzierung, ob Sie in Ihrem Angestelltenverhältnis ausreichend Einkünfte verzeichnen und wie viel Geld Ihnen nach der Deckung Ihrer laufenden Kosten zur Verfügung steht. Bei Selbstständigen werden die Einkünfte der letzten 3–5 Jahre sorgfältig überprüft. Neben von Jahr zu Jahr konstant steigenden Gewinnen erwarten die Banken bei Selbstständigen bis zu 50 % Eigenkapital. Die strengeren Anforderungen bei der Finanzierung für Selbstständige rühren daher, dass Personen in Selbstständigkeit als riskantere Kunden gelten.

Wenn nach der Deckung der laufenden Kosten ausreichend Geld für die Finanzierung einer oder mehrerer weiterer Immobilien verbleibt, wird Ihnen ein Immobilienkredit gewährt. Dabei spielt es kaum eine Rolle, ob Sie bereits einen laufenden

Immobilienkredit haben oder nicht. Die Einkünfte aus der Vermietung einer finanzierten Immobilie vermerkt die Bank als solche und wertet diese für die Bonität positiv.

Die Idee hinter dem Konzept, durch die Mieteinnahmen und Mietsteigerungen die Kreditkosten zu kompensieren und **immer mehr Immobilien finanzieren** zu können, ist vollkommen seriös und geht in Zusammenarbeit mit den Kreditinstituten auf. Sie erhalten im Folgenden eine theoretische Erklärung des Konzepts und ein Rechenbeispiel, ehe im weiteren Verlauf des Kapitels erläutert wird, welche Immobilien sich am besten als Investitionsobjekte zur Umsetzung dieses Konzepts eignen.

## Finanzieren, durch Vermietung positiven Cashflow erreichen und erneut finanzieren

**Am Anfang der Vermietung einer finanzierten Immobilie** ist der Cashflow in den meisten Fällen negativ. Das bedeutet, dass Sie nach Abzug der Kreditkosten, Verwaltungskosten und eventuellen weiteren laufenden Kosten **mehr Geld ausgeben, als Sie durch die Mieteinnahmen erwirtschaften**. Zwar mindern Steuervorteile den Verlust, doch ein negativer Cashflow ist kaum vermeidbar. Es gibt nur wenige Investitionsobjekte, bei denen direkt zu Beginn der Vermietung die Mieteinnahmen die laufenden Kreditkosten und weiteren Ausgaben übersteigen.

> *Hinweis!*
>
> Ein negativer Cashflow gilt nur bei der Vermietung kreditfinanzierter Immobilien, nicht jedoch bei bar gekauften Immobilien. Wenn Sie die Immobilie ohne Finanzierung erwerben, haben Sie keine laufenden Kreditkosten. Da so der mit Abstand größte Kostenfaktor entfällt, stehen schon im ersten Monat der Vermietung mehr Einnahmen als Ausgaben zu Buche.

**Mit zunehmender Dauer der Vermietung** bewirken die Mietsteigerungen, dass zunächst ein neutraler Cashflow (Mieteinnahmen = Ausgaben) und **nach mehreren Jahren voraussichtlich ein positiver Cashflow (Mieteinnahmen > Ausgaben)** eintritt. Schon der Zeitpunkt, an dem ein neutraler Cashflow eintritt, eignet sich, um eine weitere Immobilienfinanzierung in Angriff zu nehmen.

Dieses Konzept, mit dem Sie durch mehrere Finanzierungen über die Jahrzehnte einen beträchtlichen Immobilienbestand aufbauen, und die Technik zur Auswahl der richtigen Investitionsobjekte werden im Folgenden erläutert. Obwohl dabei die Perspektive von Personen eingenommen wird, die mit einer Immobilienfinanzierung arbeiten, können Sie **diese Strategie auch bei einem Barkauf von Immobilien umsetzen**.

Ihr Vorteil bei einem Barkauf ist, dass Sie die erste Immobilie komplett mit Ihrem Eigenkapital bezahlen und die zweite Immobilie finanzieren, indem Sie die erste Immobilie als Sicherheit hinterlegen. So starten Sie mit zwei Immobilien, von denen lediglich eine finanziert ist. Sobald die zweite Immobilie einen positiven Cashflow verzeichnet, bemühen Sie sich direkt um die Finanzierung einer weiteren Immobilie. So bauen Sie sich über die Jahrzehnte einen stetig wachsenden Immobilienbestand auf.

## Rechenbeispiel einer Bilanzierung

| **Aktiva** | **Passiva** |
|---|---|
| Mieteinnahmen: 4 Prozent | Bankkosten: 4,5 Prozent |
| Steuervorteile: 0,5 Prozent | Verwaltungskosten: 1 Prozent |
| Eigenanteil: 1 Prozent | |
| | |
| **Gesamt: 5,5 Prozent** | **Gesamt: 5,5 Prozent** |

In der „Immo-Bilanz“, die oben tabellarisch abgebildet ist, werden die **Einnahmen und Ausgaben zu Beginn der Vermietung kreditfinanzierter Immobilien** einander gegenübergestellt. Üblich ist es, mit den in der Tabelle genutzten prozentualen Anteilen zu rechnen. Die prozentualen Anteile beziehen sich auf den Kaufpreis der Immobilie und werden immer auf das Jahr gerechnet angegeben.

- Hat eine Immobilie beispielsweise 350.000 Euro gekostet (man rechnet die Nebenkosten nicht mit), so bedeutet ein Anteil der Mieteinnahmen in Höhe von 4 Prozent, dass 350.000 Euro x 0,04 = **14.000 Euro an Mietzahlungen pro Jahr** auf Ihr Konto überwiesen werden.
- Die Bankkosten – bestehend aus Tilgungsraten und Zinsen – werden auf 4,5 Prozent des Immobilienkaufpreises geschätzt, was im Beispiel aus dem ersten Stichpunkt jährliche Kosten in Höhe von 350.000 Euro x 0,045 = 15.750 Euro zur Folge hätte.
- Es verbleiben die Posten mit geringeren Anteilen, wozu die Verwaltungskosten, Steuerersparnisse und Ihr Eigenanteil gehören.
- Wenn Sie die Immobilie selbst verwalten, werden diese Kosten mit nur 0,5 Prozent Anteil angesetzt. Ansonsten belaufen sich die Verwaltungskosten auf einen Anteil von 1 Prozent.
- Die Steuerersparnisse sind keine Einnahme, aber werden mit einem Anteil von 0,5 Prozent dennoch auf der Einnahmenseite geführt, da sie die Höhe der auf die Mieteinnahmen zu zahlenden Steuern senken.
- Der Eigenanteil müsste in diesem Beispiel 1 % betragen. Diesen Anteil müssen Sie pro Jahr dazuzahlen, um die laufenden Kosten aus der Finanzierung und Verwaltung der Immobilie zu decken, weil die Mieteinnahmen und Steuervorteile zur Deckung der Kosten nicht ausreichen.

Während in der Immo-Bilanz **über die Jahre und Jahrzehnte** sonst alles gleich bleibt, verändern sich zwei Posten: **Die Mieteinnahmen steigen und der Eigenanteil sinkt.** Sobald kein Eigenanteil mehr erforderlich ist, haben Sie einen neutralen Cashflow erreicht. Nun suchen Sie ein neues Investitionsobjekt und bemühen sich bei dem Kreditinstitut Ihrer Wahl um eine weitere Finanzierung.

Die Immo-Bilanz wurde Ihnen vorgestellt, damit Sie eine visuelle Stütze bei der Umsetzung Ihres individuellen Investitionsplans haben. Dabei ist einzugestehen, dass die Immo-Bilanz lediglich einen pauschalen Einblick in die Finanzierung und Vermietung von Immobilien liefert. Beispielsweise können die Bankkosten um einige Prozent-Bruchteile nach oben oder nach unten abweichen. Des Weiteren ist es möglich, dass die Mieteinnahmen einen höheren Anteil haben und es sogar von Beginn der Vermietung an zu einem positiven Cashflow kommt.

Wie die Immo-Bilanz bei Ihnen und Ihrem Investitionsobjekt ausfällt, hängt von der Auswahl des Investitionsobjekts ab. Der Trick, um schnell einen positiven Cashflow zu erreichen – und damit wird der Übergang zum nächsten Abschnitt geschaffen –, ist die Auswahl von Immobilien mit dem besten Mietsteigerungspotenzial.

## Die Technik: Auswahl von Immobilien mit bestem Mietsteigerungspotenzial

*In einem Praxisfall erwarb der Anleger H. eine Immobilie in Delmenhorst. Das Gebäude im Zentrum Delmenhorsts kostete rund 310.000 Euro und wurde über einen Immobilienkredit finanziert. Im Erdgeschoss verfügt das Gebäude über eine Ladenfläche, die an ein Modegeschäft vermietet ist. Im 1. und 2. Obergeschoss befindet sich je ein Mieter. Insgesamt werden somit 3 Mieten gezahlt: vom Modegeschäft, von der Mieterin im 1. Obergeschoss und vom Mieter im 2. Obergeschoss.*

*Der Verkäufer R., von dem der Anleger H. die Immobilie erwarb, hatte sich jahrelang nicht um Mietsteigerungen und ebenso wenig um die Immobilie gekümmert. Der Anleger H. kaufte die Immobilie zum besagten Preis von rund 310.000 Euro dennoch in einem funktionstüchtigen Zustand und konnte diese ohne Kosten für eine Renovierung, Sanierung oder Modernisierung weitervermieten. Er profitierte von den jahrelang nicht erhöhten Mieten und konnte direkt nach Übernahme der Immobilie drei Mieterhöhungen durchsetzen. Die drei Mieterhöhungen hatten einen positiven Cashflow zur Folge. Der positive Cashflow trat direkt zu Beginn der Immobilienfinanzierung und -vermietung ein, was einen seltenen Idealfall darstellt. Aktuell schaut sich Anleger H. aufgrund des positiven Cashflows nach einem neuen Investitionsobjekt um.*

Einige unter den Lesern werden sich womöglich fragen, wo Delmenhorst liegt und wieso eine Immobilieninvestition gerade an diesem eher unbekannten Ort als Beispiel angeführt wird. Die Wahl dieses Beispiels hat einen bestimmten Grund: Bei der Auswahl von Immobilien mit hohem Mietsteigerungspotenzial ist es nicht notwendig, in Großstädten wie Berlin, Hamburg oder München zu suchen.

Ein Blick auf die hohen Kaufpreise in den besagen Großstädten macht deutlich, dass es sogar das **Ziel sein sollte, eine Investition in Großstadtimmobilien zu vermeiden**. Aufgrund der hohen Kaufpreise ist es höchst unwahrscheinlich, bei einer Immobilienfinanzierung und Vermietung in den ersten zwei Jahrzehnten einen positiven Cashflow zu erreichen. Weil die Kaufpreise und Kreditbeträge teilweise hohe sechs- oder sogar siebenstellige Beträge umfassen, kompensieren die Mieteinnahmen die laufenden Kosten erst nach mehreren Mietsteigerungen im Verlauf der nächsten Jahrzehnte; oder – was ebenfalls nicht unwahrscheinlich ist – die Mieteinnahmen kompensieren die laufenden Kosten gar nicht und Sie müssen den Kredit selbst abbezahlen.

Das **Ziel ist die Investition in Städte, in denen der Kaufpreis für Immobilien in guten Lagen** (z. B. Stadtzentren, Szeneviertel oder mit guter Anbindung an diese Stadtteile) **maximal 300.000 bis 400.000 Euro** (Mehrparteienhäuser und Mischimmobilien) beträgt. Bei einzelnen Wohneinheiten und Wohnungen in besagten guten Lagen darf der Kaufpreis maximal 100.000 bis 180.000 Euro betragen. Bei verhältnismäßig humanen Kaufpreisen wie diesen ist es möglich, trotz der laufenden Kosten binnen weniger Jahre Mieteinnahmen zu erreichen, die für einen positiven Cashflow sorgen.

Eine solche Immobilie hatte der Anleger H. in Delmenhorst gefunden. Auch wenn Fälle wie der des Anlegers H., der direkt zu Beginn der Vermietung trotz Kreditkosten sofort einen positiven Cashflow erreichte, selten sind: Unter bestimmten Bedingungen ist es möglich, dank der hohen Mieteinnahmen die Kreditkosten auf Anhieb zu übertreffen. Beim Anleger H. lagen zwei Bedingungen vor, weswegen die Mieteinnahmen die laufenden Kosten der Immobilienfinanzierung übertrafen.

Die **Bedingungen, die Sie möglichst schnell zu einem positiven Cashflow führen**, sind die folgenden:

- Verkaufspreis der Immobilie unter deren Verkehrswert (lag bei Anleger H. vor)
- Übernahme von Mietern mit zu geringen Mieten (lag bei Anleger H. vor)
- Immobilie an einem Ort mit generell hohem Mietsteigerungspotenzial (lag bei Anleger H. nicht vor)

## Voraussetzung 1: Verkaufspreis der Immobilie unter deren Verkehrswert

Immobilien, die unter ihrem Verkehrswert verkauft werden, sind Schnäppchen. Sie erfahren den Verkehrswert der Immobilie durch eines der folgenden drei Verfahren: Vergleichswertverfahren, Ertragswertverfahren, Sachwertverfahren.

Aufgrund der einfacheren Erklärung wird an dieser Stelle das Vergleichswertverfahren als Beispiel aufgegriffen. Über die anderen beiden Verfahren zur Bestimmung und zum Vergleich des Immobilienwerts können Sie sich im Internet oder in einschlägiger Fachliteratur informieren.

Beim **Vergleichswertverfahren** vergleichen Sie die Immobilie, die Sie interessiert, mit einer anderen Immobilie, die zeitnah verkauft wurde. Dabei gilt, dass die **verglichenen Immobilien in derselben Gegend liegen und sich im Hinblick auf möglichst viele Aspekte ähneln** sollten: Grundrisse, Größen der Grundstücke, Wohnflächen, Anzahl der Geschosse und weitere Kriterien sollten identisch sein oder nur geringfügig voneinander abweichen (Mannek, 2016). Wenn in Ihrer Gegend zuletzt keine vergleichbare Immobilie verkauft wurde und keine aktuellen Verkaufspreise zum Vergleich vorliegen, nehmen Sie stattdessen die durchschnittlichen Quadratmeterpreise in Ihrer Gegend, um zu prüfen, ob die von Ihnen ausgesuchte Immobilie unter Wert angeboten wird oder nicht.

Im beschriebenen Fall erwarb Anleger H. die Immobilie zu einem günstigeren Quadratmeterpreis, als es für die Immobilien in Delmenhorsts Innenstadt üblich ist. Zwar hatte die Immobilie den Haken, dass sie in einem deutlich abgenutzten Zustand war, doch es war nicht unmittelbar notwendig, sie zu renovieren. Aufgrund des abgenutzten Zustands kam Verkäufer R. dem Anleger H. beim Kaufpreis entgegen und verkaufte die Immobilie letztlich deutlich unter Verkehrswert. Der **Kauf unter dem Verkehrswert** hatte für Anleger H. **wesentlich geringere Kreditkosten** im Vergleich zum Kauf anderer Gebäude in dieser Größenordnung zur Folge.

Aus diesem Praxisbeispiel leiten sich **für Sie die folgenden Ratschläge** ab:

- Suchen Sie gezielt nach Immobilien, die einen geringeren Quadratmeterpreis als den durchschnittlichen Quadratmeterpreis in der Gegend haben.
- Finden Sie heraus, weswegen die Immobilien unterhalb des Verkehrswerts verkauft werden. Eventuell ist das Gebäude optisch in keinem ansprechenden Zustand, aber bedarf dennoch keiner Renovierung oder Sanierung. In diesem Fall könnten Sie direkt Mieter finden und das Gebäude problemlos vermieten.
- Manchmal werden Immobilien in einem ausgezeichneten Zustand unterhalb des Verkehrswerts verkauft, weil die Eigentümer finanzielle Probleme haben und liquide Mittel benötigen. Der Verkauf der Immobilie ist unter Umständen die einzige Möglichkeit dazu. Sie profitieren von der finanziellen Not des Verkäufers und erstehen diese Immobilien günstig.

Nachdem Sie die Gründe für den geringen Kaufpreis einer Immobilie herausgefunden haben, sind Sie imstande zu entscheiden, ob sich der Kauf der Immobilie lohnt und sie problemlos vermietet werden kann. Problematisch sind unter diesem Blickpunkt jene Immobilien, die einen optisch wenig ansprechenden Zustand haben. Fassaden, von denen der Putz bröckelt, weisen zwar keinen substanziellen Schaden auf, aber sie erschweren die Mietersuche. Anleger H. hatte den Vorteil, dass die optisch nicht ansprechende Immobilie bereits vermietet war – unabhängig vom teilweise schlechten Aussehen der Immobilie konnte er sich daher sicher sein, Mieteinnahmen zu erzielen.

Überlegen Sie speziell bei Immobilien mit optischen Mängeln, inwiefern der geringere Kaufpreis Sie für die Mängel entschädigt. Von komplett renovierungs- oder sanierungsbedürftigen Immobilien sollten Sie in jedem Fall Abstand nehmen, wenn Sie eine Immobilie finanzieren und schnellstmöglich vermieten möchten. Muss hingegen nur die Fassade neu gestrichen werden, so dürfte sich ein Kauf der Immobilie unter Verkehrswert lohnen.

## Voraussetzung 2: Übernahme von Mietern mit zu geringen Mieten

Anleger H. übernahm die Mieter vom vorigen Eigentümer der Immobilie. Dies würde auch Ihnen bei Ihren künftigen Investitionsobjekten zum Erreichen eines positiven Cashflows verhelfen, denn anders als beim Kauf einer leeren Immobilie **bleibt Ihnen die Suche nach Mietern erspart**. Eine Mietersuche zieht sich manchmal über Monate hin. Während dieser Monate nehmen Sie keine Miete ein, aber tragen trotzdem die Bankkosten. Lediglich die Steuervorteile mindern Ihre Zahllast.

Wenn möglich, **sollten Sie also gezielt nach einer Immobilie suchen, die schon vermietet ist**. Im Beispiel des Anlegers H. hatte der vorige Eigentümer auf Mieterhöhungen verzichtet und eine zu geringe Miete festgesetzt. Es ist gar nicht so selten, dass Vermieter die maximal mögliche Miethöhe nicht ausnutzen und sich Einnahmen entgehen lassen. Sie haben dann die Gelegenheit, die Miete auf die **maximale Miethöhe anzuheben und Ihre Einnahmen zu maximieren**.

Die maximal mögliche Miethöhe wird aus den örtlichen Mietspiegeln eines Stadtteils abgeleitet. Sie finden genauere Angaben zu den Mietspiegeln, indem Sie die Mietspiegel für den entsprechenden Stadtteil googeln und die Angaben auf den offiziellen Websites (z. B. von Kommunen, von Hausbesitzervereinen) vergleichen. Achten Sie darauf, ob es für Ihren Stadtteil einen empirisch erstellten Mietspiegel gibt, denn diese Art von Mietspiegeln ist verbindlich. Das bedeutet, dass sich Ihre Miete nach den Angaben in diesen Mietspiegeln richten muss. Für Großstädte – und in seltenen Fällen für bekannte Kleinstädte – gibt es empirische Mietspiegel.

Ansonsten ist die **ortsübliche Vergleichsmiete** die Basis, an der sich die Miethöhe orientieren sollte. Sie dürfen die Miete im Abstand von 15 Monaten immer wieder auf die ortsübliche Vergleichsmiete erhöhen. Bei mehreren Mietsteigerungen ist darauf zu achten, dass die Miete im Dreijahreszeitraum nicht um mehr als 20 Prozent steigt (Bundesministerium der Justiz, 2022). Von dieser Regelung gibt es einige Ausnahmen, die Sie in § 558 des Bürgerlichen Gesetzbuchs (BGB) nachlesen können. Außerdem gilt für einige Städte die Mietpreisbremse – ein Aspekt, der Sie nicht zu kümmern braucht, weil Sie bei der in diesem Kapitel thematisierten Technik zur Immobilienauswahl ausschließlich in Immobilien in Städten investieren, die nicht von der Mietpreisbremse betroffen sind.

Im Zuge des Immobilienkaufs werden Sie **von dem Immobilienverkäufer alle Mietverträge und Angaben zu den Mietern einsehen** dürfen, was bedeutet, dass Sie sich noch vor dem Immobilienkauf vergewissern können, ob die Mieten ein Steigerungspotenzial haben oder nicht. Sollten Sie bei einer Einsicht in die bestehenden Mietverträge feststellen, dass ein Spielraum zur Mieterhöhung besteht, so spricht vieles dafür, die entsprechende Immobilie zu kaufen – vorausgesetzt, dass deren Kaufpreis gerechtfertigt ist und auch sonst Bedingungen für einen positiven Cashflow vorliegen.

Apropos „positiver Cashflow": Es existiert ein Rechenverfahren, mit dem Sie ermitteln können, inwiefern sich die Kreditkosten durch die Mieteinnahmen refinanzieren. Bei diesem Rechenverfahren wird die **kostendeckende Nettokaltmiete** ermittelt. Zur Ermittlung dieser Kennzahl gehen Sie wie folgt vor:

- Berechnen Sie, wie hoch die Tilgungsraten und Zinszahlungen pro Jahr sind. *Es sei für ein Beispiel von Kreditkosten in Höhe von 7.500 Euro ausgegangen.*

- Nun beziehen Sie die Kosten für die Verwaltung und Instandhaltung der Immobilie in die Rechnung ein. *Im Beispiel wird mit Kosten in Höhe von 1.200 Euro gerechnet.*
- Wenn Sie möchten, nehmen Sie die Eigenkapitalverzinsung als Kostenfaktor in die Rechnung auf. *Diese liegt im Beispiel bei 280 Euro.*
- Um die kostendeckende Nettokaltmiete zu erhalten, addieren Sie die Kosten. *Auf das Beispiel bezogen sind dies 7.500 Euro + 1.200 Euro + 280 Euro = 8.980 Euro.*
- Wenn Sie pro Jahr 8.980 Euro durch Mietzahlungen einnehmen, decken Sie die Kosten der Immobilienfinanzierung und -verwaltung komplett ab. *Die Monatsmiete müsste zur Deckung der laufenden Kosten im Beispiel knapp 750 Euro betragen.*

***Erkenntnis:***

Die Verzinsung auf das eingesetzte Eigenkapital (siehe Stichpunkt 3 in der Aufzählung) als Kostenfaktor in die Rechnung einzubeziehen, hat den Vorteil, dass Sie die Minderung Ihrer Liquidität berücksichtigen. Das Eigenkapital, das Sie z. B. zur Deckung der Kaufnebenkosten oder zur Deckung des Immobilienkaufpreises nutzen, steht Ihnen nicht mehr zur Verfügung, um es beispielsweise durch eine Geldanlage in Wertpapiere zu vermehren. Sie können einen Zinssatz von beispielsweise 4 oder 5 Prozent pro Jahr ansetzen, zu dem Sie Ihr Eigenkapital realistisch hätten verzinsen können. Die Ihnen dadurch entgangenen Zinseinnahmen sollten durch die kostendeckende Nettokaltmiete kompensiert werden.

Die Eigenkapitalverzinsung in die Berechnung der kostendeckenden Nettokaltmiete einzubeziehen, ist optional. Grundsätzlich ist empfohlen, diesen Aspekt außen vor zu lassen, denn ob Sie bei einer Anlage des Kapitals tatsächlich 4 oder 5 Prozent Rendite erzielt hätten, lässt sich nicht mit Sicherheit sagen. Zudem ist es für die Immo-Bilanz und für das Erreichen eines positiven Cashflows in erster Linie wichtig, die laufenden Kosten zu decken.

Wenn Sie feststellen, dass Sie die **Mieten auf Höhe der kostendeckenden Nettokaltmiete oder noch höher ansetzen dürfen**, ist eine Investition in die Immobilie die absolut richtige Entscheidung. Auch wenn die Mieten knapp unterhalb der kostendeckenden Nettokaltmiete liegen sollten, ist die jeweilige Immobilie noch ein interessantes Investitionsobjekt. Achten Sie zusätzlich darauf, dass die sonstigen Bedingungen (Gebäudezustand, Lagekriterien der Immobilie und andere allgemeine Bewertungskriterien) für einen Kauf der Immobilie sprechen – unter diesen Gegebenheiten ist ein Kauf der Immobilie empfehlenswert.

## Voraussetzung 3: Immobilie an einem Ort mit generell hohem Mietsteigerungspotenzial

Sie wissen jetzt, dass es vorteilhaft für Sie ist, wenn Sie Immobilien mit Mietern übernehmen, die beim vorigen Immobilieneigentümer zu geringe Mieten gezahlt haben. In diesem Fall erhöhen Sie die Mieten und erlangen direkt zu Beginn der Vermietung einen wesentlich höheren Kapitalzufluss als der vorige Vermieter. Aber selbst dann, wenn die Mieten auf dem Niveau der ortsüblichen Vergleichsmiete liegen und Sie direkt zu Beginn der Vermietung keine Mieterhöhung vornehmen können, kann ein Objekt ein gutes Mietsteigerungspotenzial aufweisen.

An dieser Stelle seien die grundlegenden Lagekriterien aufgegriffen: Immer dann, wenn die Lage einer Immobilie gut ist und in deren Umfeld ein großes Angebot an Arbeitsstellen,

Freizeiteinrichtungen, Parks und/oder anderen Attraktionen besteht oder gerade geschaffen wird, liegen **gute Zukunftsprognosen zur Entwicklung des Standortes** vor. Dann ist von einem **hohen Mietsteigerungspotenzial** auszugehen.

Ein Beispiel für eine Stadt in Großstadtnähe, deren Immobilienpreise und Mieten sich in den vergangenen Jahren positiv entwickelt haben, ist die Stadt Celle in Niedersachsen. In der Nähe der Großstadt Hannover gelegen, sind die Kaufpreise pro $m^2$ sowohl bei Wohnungen als auch bei Häusern in Celle um über 1.000 Euro geringer: Während in Hannover die Kaufpreise pro $m^2$ bei Wohnungen vereinzelt 2.640 Euro und bei Häusern zum Teil 3.130 Euro betragen, liegen sie bei vergleichbaren Wohnungen in Celle bei z. B. 1.370 Euro pro $m^2$ und bei vergleichbaren Häusern beispielsweise bei 1.840 Euro pro $m^2$. Obwohl die Kaufpreise in diesem Beispiel enorm unterschiedlich ausfallen, sind die Mieten in Celle nur rund 20 Prozent geringer. Sie sparen bei der Finanzierung einer Immobilie in Celle das Doppelte und büßen nur ca. 20 Prozent an Mieteinnahmen gegenüber einer Immobilie in Hannover ein.

Bei diesem Städtevergleich handelt es sich nur um nackte Zahlen. Zudem kommt es bei einer Immobilie in Celle darauf an, in welchem Stadtteil sie sich befindet und in welchem Zustand sie ist. Dennoch ist der Ansatz, **im Umkreis von Großstädten in Immobilien in guter Lage zu investieren**, plausibel. Es ist zu erwarten, dass aufgrund stetig steigender Mieten in Großstädten mehr Menschen ins Umland ziehen und zur Arbeit in die Großstadt fahren werden.

Wenn Sie bereit sind, bei der Auswahl Ihrer Immobilie mehr ins Risiko zu gehen, wählen Sie einen Ort im Umland einer Großstadt, der noch kein nennenswertes Freizeit-, Arbeits- und Bildungsangebot hat. Im Umkreis von 100 km von Großstädten ist davon auszugehen, dass mehr Menschen innerhalb der nächsten Jahrzehnte zuziehen werden und das Freizeit-, Arbeits- und Bildungsangebot erweitert werden wird. Bei einer Investition in Immobilien in Städten oder Stadtteilen mit einem geringen Freizeit-, Arbeits- und Bildungsangebot, die aber in der Nähe der Großstädte liegen, ist vorher zu prüfen, ob die Zahlen der letzten 10 Jahre auf ein Einwohnerwachstum hindeuten und ob die Mietspiegel gestiegen sind. Investieren Sie dann gezielt in Immobilien, von denen aus die Großstadt mit öffentlichen Verkehrsmitteln gut zu erreichen ist. In diesem Fall ist zu erwarten, dass im Verlauf der nächsten 5–10 Jahre ein enormes Mietsteigerungspotenzial bestehen wird. In diesem Szenario können Sie die Miete also nicht direkt nach dem Kauf der Immobilie signifikant steigern, doch profitieren voraussichtlich langfristig von einer guten Entwicklung der Mieteinnahmen.

***Tipp:***

Um die Mieteinnahmen zu steigern, können Sie die Immobilie außerdem möblieren. Damit eine Immobilie als möbliert gilt und Sie die Miete höher als die ortsübliche Vergleichsmiete ansetzen dürfen, reicht eine teilweise Möblierung aus. Der Vermieter muss laut gängiger Rechtsprechung bei einer möblierten Wohnung lediglich mehr als die Hälfte der für die Haushaltsführung benötigten Gegenstände und Möbel bereitstellen (Naus, 2020). Unter dem Link *ratgeber.immowelt.de/a/moebliert-vermieten-mehr-aufwand-aber-mehr-geld-vom-mieter.html* steht Ihnen weiteres Informationsmaterial über den Möblierungszuschlag bei der Vermietung zur Verfügung.

## Fazit: Eine Investition in C-Citys und im Umland von Großstädten ist zielführend

Auf das Beispiel des Anlegers H. zurückkommend, fällt bei einer näheren Bewertung des Immobilienstandortes Delmenhorst auf, dass es sich hierbei grundsätzlich um eine Stadt mit schlechten Prognosen für die weitere Wertentwicklung der Immobilie sowie die Entwicklung der Mieten handelt. Weder die Entwicklung der Einwohnerzahl noch die Entwicklung der Mietspiegel deuten darauf hin, dass sich die Mieteinnahmen signifikant steigern lassen werden.

Der Anleger H. entschied sich aufgrund der Lage der Immobilie direkt in der Fußgängerzone im Zentrum Delmenhorsts und wegen der Spielräume zur deutlichen Mieterhöhung direkt nach dem Objektkauf für das Investitionsobjekt. Diese Kriterien machten schon einen kurzfristig positiven Cashflow bei der Vermietung der finanzierten Immobilie möglich. Auch wenn die Prognosen in Bezug auf die Einwohnerentwicklung und die Popularität Delmenhorsts negativ ausfallen und von einem geringen langfristigen Mietsteigerungspotenzial ausgegangen werden muss, ist zumindest wahrscheinlich, dass der **sofort erreichte positive Cashflow langfristig bestehen bleiben wird**.

In dem Beispiel zeigt sich, dass nicht alle der vorgestellten drei Voraussetzungen vorliegen müssen, um bei der Vermietung einer finanzierten Immobilie einen positiven Cashflow zu erzielen und von dem Investment langfristig zu profitieren. Im Gegenteil: Es reicht **zum Erreichen eines positiven Cashflows** in vielen Fällen aus, wenn nur **eine der Voraussetzungen erfüllt** ist. Eine der drei Voraussetzungen – Verkaufspreis der Immobilie unter deren Verkehrswert, Übernahme von Mietern mit zu geringen Mieten, Immobilie an einem Ort mit generell hohem Mietsteigerungspotenzial – erfüllen viele Immobilien, sodass Sie ein großes Repertoire haben, um Investitionsobjekte zu wählen, mit denen sich ein positiver Cashflow schon in kurzer Zeit erreichen lässt.

Unterm Strich steht die Erkenntnis, dass Investitionsobjekte in C-Citys und im Umland von Großstädten im Prinzip am empfehlenswertesten sind. Innerhalb von Großstädten ist es kaum möglich, kreditfinanzierte Immobilien unter lukrativen Konditionen zu vermieten. Investitionen in diesen Städten sind hauptsächlich Großinvestoren vorbehalten.

B-Citys, wie die nächstgrößeren Städte nach den A-Städten Berlin, Düsseldorf, Frankfurt, Hamburg, Köln, München und Stuttgart bezeichnet werden, boten sich im Jahr 2015 noch für Immobilieninvestitionen an – so damals der Tenor des Fachmagazins *DAS INVESTMENT*. Die B-Städte sind jene „Städte von nationaler und regionaler Bedeutung mit 250.000 bis 650.000 Einwohnern“ (Lipsky, 2015).

Inzwischen (Stand: September 2022) haben Investitionsobjekte in B-Citys vieles an Attraktivität für Investoren und Anleger eingebüßt. **Schauen Sie sich in jedem Fall auch nach Investitionsobjekten in den B-Städten um**, doch priorisieren Sie C-Citys und andere Städte bzw. Orte im Umland von Großstädten bei Ihrer Immobiliensuche. In diesen kleineren Städten und Orten lassen sich mit Immobilien in zentralen Lagen und mit guter Anbindung an Großstädte beachtliche Mieteinnahmen und Renditen erzielen. So war es auch beim Anleger H.

**In C-Citys und in umliegenden Regionen von Großstädten** haben Sie auf der Suche nach Investitionsobjekten außerdem **Vorteile bei den Preisverhandlungen**. Weil sich Immobilien in diesen Gegenden tendenziell schwerer verkaufen lassen, zeigen sich die Verkäufer des Öfteren verhandlungsbereit. Somit können Sie einen geringeren Kaufpreis erwirken, benötigen ein geringeres Darlehen und erzielen noch schneller den positiven Cashflow. In C-Citys und im Umland von Großstädten ist es in der Regel schwerer als in Großstädten, Mieter zu finden. Bei einer guten Lage der Immobilie dürften sich Ihre Schwierigkeiten bei der Mietersuche allerdings in Grenzen halten, da es immer mehr potenzielle Mieter als Käufer gibt und die Vermietung einer Immobilie in einer kleineren Stadt somit leichter ist als deren Verkauf.

## Planung der Finanzierung

Die Finanzierung einer Immobilie ist Teil des vorgestellten Konzepts, sich durch die Finanzierung und Vermietung mehrerer Immobilien einen großen Immobilienbestand aufzubauen. Auch wenn Sie die erste Immobilie oder sogar mehrere Immobilien mit Ihrem Eigenkapital kaufen, finanzieren Sie die weiteren Immobilien, um sich einen möglichst großen Bestand an Immobilien aufzubauen. Es führt **bei diesem Investitionskonzept kein Weg an einer Finanzierung vorbei**.

Um Ihnen die Planung Ihrer Finanzierung zu erleichtern, werden im Folgenden diesbezüglich einige Hinweise und Rechenanleitungen gegeben. Die folgenden Hinweise werden sich auch bei einigen der anderen Techniken zur Auswahl der Investitionsobjekte als hilfreich erweisen. So ist es möglich, dass Sie preisreduzierte Immobilien (siehe Kapitel 2) ebenfalls mithilfe einer Finanzierung erwerben. In diesen und weiteren Fällen von Immobilienfinanzierungen gehen Sie wie im Folgenden erklärt vor.

### Kalkulation der Gesamtkosten

Die Gesamtkosten für den Erwerb einer Immobilie setzen sich aus dem **Kaufpreis der Immobilie und den Kaufnebenkosten** zusammen. Der Kaufpreis ist der von Ihnen mit dem Eigentümer verhandelte Betrag, den Sie für den Erwerb der Immobilie auf dessen Konto überweisen.

*Hinweis:*

Dem Kaufpreis einer Immobilie werden auch die Sanierungs-, Renovierungs- und Modernisierungskosten zugerechnet. Die Durchführung notwendiger Sanierungen ist unverzichtbar, denn hierbei handelt es sich um Maßnahmen, die dazu beitragen, eine Immobilie in einen nutzbaren Zustand zu versetzen. Ohne die ggfs. erforderlichen Sanierungsmaßnahmen vollzogen zu haben, können Sie eine Immobilie nicht weitervermieten, ohne Probleme mit den Mietern zu bekommen. Da für das in diesem Kapitel geschilderte Konzept, Immobilien zu finanzieren und zu vermieten, die Investition in sanierungs- oder renovierungsbedürftige Objekte untypisch ist, wird im Folgenden nicht auf diesen Kostenaspekt eingegangen.

Gern können Sie einen **pauschalen Aufschlag von 1 bis 2 Prozent auf den Immobilienkaufpreis für die Durchführung von Modernisierungsmaßnahmen** einberechnen, aber grundsätzlich sollten Sie in Immobilien in einem einwandfreien Zustand investieren, um diese schnell vermieten zu können und binnen weniger Jahre einen positiven Cashflow zu erreichen.

Neben dem Kaufpreis der Immobilie und eventuellen Modernisierungskosten sind die Kaufnebenkosten ein wesentlicher Faktor. Es wird kurz auf die wichtigsten Aspekte zu den folgenden Nebenkosten eingegangen:

- Maklergebühren
- Grunderwerbsteuer
- Notarkosten (inkl. Gebühren für die Grundbucheintragung)

Maklergebühren

Jeder Verkäufer darf entscheiden, ob er einen Immobilienmakler beauftragt oder die Vermarktung der Immobilie selbst übernimmt. Zudem kann der Verkäufer sich aus freien Stücken dazu bereit erklären, die Maklerprovision komplett selbst zu zahlen; dies kommt gelegentlich bei Immobilien vor, die schwer zu verkaufen sind.

Ob Sie sich an der Maklerprovision beteiligen müssen, steht üblicherweise im Exposé in der Nähe des Kaufpreises geschrieben. Im Falle einer Beteiligung gilt fast immer die hälftige Übernahme der Provision, was bedeutet, dass Sie eine **Provision in Höhe von 3,57 Prozent des Kaufpreises an den Makler** zahlen (Stand: 2022). Abweichungen von dieser Provisionshöhe kommen vor, denn der Verkäufer der Immobilie kann die Maklergebühren mit dem Makler individuell festlegen. Mehr als 4 Prozent an Provision, jeweils durch Käufer und Verkäufer zu zahlen, sind allerdings höchst unüblich.

Nach Abschluss des Kaufvertrags für die Immobilie wird vom Immobilienmakler eine Rechnung geschrieben, in der ein **Zahlungsziel von 7 bis 14 Tagen zur Überweisung des fälligen Betrags** gewährt wird (immoverkauf24, 2022).

Grunderwerbsteuer

Der folgenden Tabelle entnehmen Sie die Steuersätze für die Grunderwerbsteuer in den einzelnen Bundesländern. Die Steuersätze befinden sich auf dem Stand von September 2022. Da sich die Steuersätze im Verlauf der letzten 20 Jahre in fast jedem Bundesland mindestens einmal geändert haben, ist es ratsam, dass Sie sich **regelmäßig über mögliche Änderungen informieren**. Im Jahr 2023 ist z. B. für das Bundesland Hamburg eine Erhöhung des Steuersatzes von

4,5 auf 5,5 Prozent geplant (HAUFE, 2022). Ob dieser Plan vollzogen wird, ist noch unklar.

| **Bundesland** | **Prozentualer Steuersatz in Bezug auf den Immobilienkaufpreis** |
|---|---|
| Baden-Württemberg | 5,0 Prozent |
| Bayern | 3,5 Prozent |
| Berlin | 6,0 Prozent |
| Brandenburg | 6,5 Prozent |
| Bremen | 5,0 Prozent |
| Hamburg | 4,5 Prozent |
| Hessen | 6,0 Prozent |
| Mecklenburg-Vorpommern | 6,0 Prozent |
| Niedersachsen | 5,0 Prozent |
| Nordrhein-Westfalen | 6,5 Prozent |
| Rheinland-Pfalz | 5,0 Prozent |
| Saarland | 6,5 Prozent |
| Sachsen | 3,5 Prozent |
| Sachsen-Anhalt | 5,0 Prozent |
| Schleswig-Holstein | 6,5 Prozent |
| Thüringen | 6,5 Prozent |

Quelle: HAUFE, 2022

Bei Privatkäufern gibt es nur eine Ausnahme, um sich beim Erwerb einer Immobilie die Zahlung der Grunderwerbsteuer zu ersparen: Der Immobilienverkauf an Ehegatten und an Verwandte ersten Grades ist von der Besteuerung ausgeschlossen (Bundesministerium für Justiz, 2022). Weitere Ausnahmen sind im § 3 des Grunderwerbsteuergesetzes (GrEStG) geregelt.

**Tipp:**

Bei einer Immobilienfinanzierung wird von den Kreditinstituten fast immer vorausgesetzt, dass Käufer die Kaufnebenkosten mit ihrem Eigenkapital decken. Da es bei einem geringen Eigenkapital einen Unterschied macht, ob Sie 6,5 Prozent oder 3,5 Prozent an Grunderwerbsteuern zahlen, empfiehlt sich in diesem Fall die Suche nach Investitionsobjekten in Bayern und Sachsen. Insbesondere in Sachsen dürften in den kleineren Städten und Naturgebieten um die Großstädte Dresden und Leipzig herum einige interessante Investitionsobjekte zu finden sein. Auch in mehreren Stadtteilen innerhalb dieser Großstädte sind die Kaufpreise für Immobilien noch nicht derart hoch, dass sich das Konzept Finanzierung und Vermietung von Immobilien nicht lohnen würde.

Ansonsten gilt **für eine Senkung der Grunderwerbsteuer** ebenso wie für den Immobilienkaufpreis: Versuchen Sie, mit dem Verkäufer der Immobilie zu verhandeln. Verhandlungsspielräume dürften angesichts der in diesem Kapitel bevorzugten Auswahl von Immobilien außerhalb von Großstädten gegeben sein, weil sich diese Immobilien schwerer verkaufen lassen. Sollten Sie eine Senkung des Immobilienkaufpreises erwirken, fällt auch die vom Kaufpreis abhängige Grunderwerbsteuer geringer aus.

Notarkosten (inkl. Gebühren für die Grundbucheintragung)

Dem **Gerichts- und Notarkostengesetz (GNotKG)** ist die Höhe der Gebühren zu entnehmen, die ein Notar für seine Arbeit in Rechnung stellen darf. Die Mehrwertsteuer von 19 Prozent wird auf die Gebühren draufgerechnet. Darüber hinaus stellt der Notar die Gebühren für die Grundbucheintragung in Rechnung, denn der Notar beantragt die Eintragung von Ihnen als neuem Immobilieneigentümer ins Grundbuch.

In der Praxis gestaltet es sich so, dass der Notar mit einem bestimmten Gebührensatz rechnet, der von dem Kaufpreis der Immobilie abhängt. Dabei gilt, dass je günstiger oder teurer die Immobilie ist, umso geringer bzw. höher der einfache Gebührensatz für den Notar ausfällt. Den Gebührensatz lesen Sie im bereits erwähnten GNotKG nach. Es sei an dieser Stelle betont: Dies ist nur der einfache Gebührensatz; es handelt sich hierbei nicht um die Gesamtkosten für den Notar!

Wie viel die gesamte Leistung des Notars kostet, hängt von der Menge der in Rechnung gestellten Gebührensätze ab: Je mehr Leistungen (Beurkundung des Kaufvertrags, Betreuung und Vollzug des Eigentumsübergangs etc.) der Notar durchführt, umso mehr Gebührensätze kann er fordern. Der Notar stellt **für gewöhnlich 4,5- bis 5,5-fache Gebührensätze** in Rechnung, wovon der Großteil der Gebührensätze für die Beurkundung des Kaufvertrags anfällt (immoverkauf24, 2022).

Um die Nebenkosten beim Kauf besser kalkulieren zu können, werden die Notarkosten und die Gebühren für die Eintragung ins Grundbuch mit einer Höhe von 1,5 oder 2 Prozent des Kaufpreises der Immobilie angegeben. Mit diesen Angaben können Sie in den nächsten Abschnitten rechnen.

## Finanzielle Belastbarkeit, das Eigenkapital und das erforderliche Fremdkapital bestimmen

Unter der **finanziellen Belastbarkeit** ist im Kontext von Immobilienfinanzierungen der Betrag zu verstehen, der Ihnen monatlich nach Abzug all Ihrer Ausgaben von all Ihren Einnahmen übrig bleibt. Der errechnete Betrag ist wichtig, um die **maximal möglichen Kreditkosten zu definieren**. Wenn Ihnen beispielsweise 500 Euro pro Monat übrig bleiben, können Sie mit diesem Betrag die Immobilie finanzieren.

Es ist empfehlenswert, eine Sicherheit einzuberechnen, denn in einem Monat könnten die Ausgaben z. B. aufgrund einer Zahnoperation höher liegen. Sie sollten daher besser mit 400 Euro monatlicher finanzieller Belastbarkeit rechnen.

Bei der Berechnung der finanziellen Belastbarkeit sind die Einnahmen meist der einfachste Posten. Als Einnahmen werden Ihr **Gehalt aus Ihrem Vollzeitjob und eventuelle Einnahmen aus Nebenjobs** angesetzt. Eventuell beziehen Sie zusätzlich Geld vom Staat, etwa Kindergeldzahlungen. Abgesehen von Kindergeldzahlungen beziehen Angestellte in der Regel keine relevanten Einnahmen vom Staat. Auch wenn zahlreiche Kreditinstitute Angestellten, die kein nennenswertes Eigenkapital einbringen können, Immobilienkredite gewähren, ist ein **Eigenkapital in Höhe von 20 Prozent des Immobilienkaufpreises wünschenswert**. Die Nebenkosten des Immobilienkaufs müssen definitiv mit dem Eigenkapital gedeckt werden können.

Bei **Selbstständigen** ist die Kalkulation der monatlichen Belastbarkeit meist anspruchsvoller. Der Grund hierfür sind die **variierenden monatlichen Einnahmen**. Abgesehen davon ist unklar, ob Kunden abspringen oder die Akquise schlechter als erwartet verläuft, sodass in einem Monat die Ausgaben höher als die Einnahmen sind. Selbstständige werden bei Finanzierungen daher meist nur dann von den Banken akzeptiert, wenn Sie ein höheres Eigenkapital einbringen. Dieses sollte abweichend zu den Erwartungen an Angestellte bei mindestens 30 Prozent liegen. In der Praxis wird von Selbstständigen oft sogar erwartet, dass Sie Steuererklärungen der letzten 5 Jahre mit konstant steigenden Gewinnen und 50 Prozent Eigenkapital vorlegen.

Von den Einnahmen zu den Ausgaben: Zu beachten sind **sowohl fixe als auch variable monatliche Ausgaben**. Auch Ausgaben, die Sie nicht monatlich, sondern jährlich tätigen

(z. B. Kfz-Steuerzahlung, Abonnements), werden berücksichtigt. Das Ziel ist, eine möglichst präzise Übersicht über all Ihre Ausgaben zu erlangen und diese auf den Monat zu rechnen. Wenn Sie sich bei der Höhe einiger variabler Ausgaben (z. B. Essen, Kraftstoff) nicht sicher sind, sollten Sie die Kosten lieber etwas höher als zu niedrig ansetzen. Kalkulieren Sie bei den variablen Ausgaben zudem eine **Hobby- und Freizeitpauschale** ein. Sie gehen womöglich nicht regelmäßig mit Ihren Freunden oder Ihrer Familie aus, doch damit Sie trotz der laufenden Kreditkosten ausreichend Geld für einige Aktivitäten haben, berechnen Sie auf der Ausgabenseite am besten einen pauschalen Betrag für Hobby- und Freizeitkosten ein. Zur Kalkulation der fixen Kosten (z. B. Mietzahlungen, Mitgliedsbeiträge in Vereinen, Versicherungsbeiträge) nehmen Sie Ihre Kontoauszüge und laufenden Verträge zur Hand.

Bei **Selbstständigen** ist neben der Einnahmen- auch die Ausgabenkalkulation schwieriger als bei Angestellten, denn einige Ausgaben werden bereits in der Steuererklärung berücksichtigt und steuerlich abgesetzt. Beispielsweise setzen Selbstständige im Home-Office die anteiligen Mietkosten fürs Arbeitszimmer steuerlich ab. Die Mietzahlungen, die das Arbeitszimmer nicht betreffen, sind hingegen nicht von der Steuer absetzbar. Selbstständige, die für eine Finanzierung ihre laufenden Kosten zusammentragen, sollten **nur die privaten, aber nicht die betrieblichen Kosten aufführen**. Das bedeutet, dass bei der Angabe der laufenden Mietkosten nur die Mietzahlungen abzüglich der Kosten fürs Arbeitszimmer angegeben würden. Das Gleiche kann übrigens für Arbeitnehmer gelten, die im Homeoffice arbeiten und ein Arbeitszimmer haben, doch bei Selbstständigen kommt es häufiger vor, dass sich betriebliche und private Ausgaben wie die für ein Arbeitszimmer überschneiden.

> ***Hinweis:***
>
> Wenn Sie eine Immobilie kaufen, kommen neue Ausgaben hinzu. Hierbei handelt es sich um die Kosten für die Instandhaltung, Grundsteuer und ggfs. Verwaltung der Immobilie. Wie Sie aus der Immo-Bilanz wissen, werden für diese Kosten jährlich pauschal 0,5 Prozent (bei eigener Verwaltung) oder 1 Prozent (bei Verwaltung durch Unternehmen oder Dienstleister) des Immobilienkaufpreises angesetzt. Rechnen Sie diese Ausgaben zu Ihren laufenden Kosten dazu.

Der monatliche Betrag aus Ihren Einnahmen, der Ihnen nach Abzug der laufenden Kosten und einer Sicherheitsrücklage von z. B. 100 bis 200 Euro übrig bleibt, ist Ihre monatliche finanzielle Belastbarkeit. Sie ist eine von zwei Zahlungsquellen, die Sie zur Finanzierung der Immobilie nutzen. Die andere Zahlungsquelle ist Ihr Eigenkapital.

Das **Eigenkapital ist Ihr eigenes Geld, das Sie zur freien Verfügung haben und das Sie sofort ausgeben können**. Beim Fremdkapital hingegen handelt es sich um das Geld, das Ihnen Geldgeber zur Verfügung stellen, wie es die Bank bei einer Immobilienfinanzierung tut. Sie entscheiden, wie viel Eigenkapital Sie in die Immobilienfinanzierung einbringen möchten. Eine Finanzierung komplett ohne Eigenkapital ist äußerst schwer und wird von den meisten Kreditinstituten – wenn überhaupt – nur zu höheren Zinsen als sonst gewährt, was Ihre laufenden Kreditkosten steigert und es Ihnen erschwert, durch die Mieteinnahmen und Mietsteigerungen zügig einen positiven Cashflow zu erreichen. Es gelten **bezüglich des Eigenkapitals folgende Ratschläge**:

I. Stellen Sie sicher, dass Sie ausreichend Eigenkapital haben, um die Kaufnebenkosten zu bezahlen. Andernfalls wird die Finanzierung der Immobilie nahezu unmöglich. Schon ein Blick ins Exposé und die Kalkulation mithilfe der pauschalen Angaben zu den Kaufnebenkosten, die Sie im Abschnitt zuvor kennengelernt haben, reichen aus, um zu prüfen, ob sich mit Ihrem Eigenkapital die Kaufnebenkosten decken lassen.
II. Überlegen Sie, wie viel von Ihrem Eigenkapital Sie bereit sind, einzubringen. Rücklagen sind immer sinnvoll. Vor allem bei Selbstständigen ist es nur zu empfehlen, Rücklagen für Honorarausfälle einzuplanen. Angestellte können sich der konstanten Gehaltszahlungen zwar wesentlich sicherer als Selbstständige sein, sollten aber dennoch Rücklagen einbehalten, um ggfs. notwendige Reparaturen an der Immobilie durchzuführen.
III. Setzen Sie das Eigenkapital bis zu einem Maße ein, bei dem Sie die lukrativsten Konditionen von dem Kreditinstitut erhalten. Sie werden im Zuge der Verhandlungen über eine Finanzierung Angebote von mehreren Banken einholen. Gehen Sie mit den Bankberatern verschiedene Szenarien durch, um zu prüfen, bei welcher Höhe des Eigenkapitals Sie die besten Konditionen für die Immobilienfinanzierung erhalten.

Abgesehen vom Eigen- und Fremdkapital gibt es eine weitere Komponente, die bei Ihrer Budgetplanung für die Immobilieninvestition von Bedeutung ist: das **Vermögen**. „Als Vermögen bezeichnet man im Zivilrecht die Gesamtheit aller Rechte, Forderungen und Güter einer Person, die einen in Geld schätzbaren Wert haben." (JURAFORUM, 2022) Ihre **Fahrzeuge, Luxusgüter, Möbel und zahlreiche weitere Gegenstände** zählen zu Ihrem Vermögen. Auch das Geld, das Sie auf Ihrem Konto haben, gehört Ihrem Vermögen an.

Nun ist der Haken am Vermögen, dass bestimmte Komponenten im Gegensatz zu Geld nicht liquide sind. Sie können beispielsweise mit Ihrem Auto keine Immobilie bezahlen. Daher nutzt Ihnen das Vermögen bei der Finanzierung von Immobilien wenig. Lediglich Immobilien, die sich bereits in Ihrem Besitz befinden, können Sie für die Absicherung eines Kredits bei der Bank hinterlegen.

Dennoch haben Luxusgüter, Möbel, Edelmetalle und andere Vermögensteile hin und wieder ein hohes Potenzial, um Ihr Eigenkapital und somit Ihre Liquidität zum Kauf bzw. zur Finanzierung einer Immobilie zu steigern. Sie können **beispielsweise Wertpapiere, Edelmetalle und nicht benötigte Gegenstände** verkaufen, falls Sie durch das erhöhte Eigenkapital eine Finanzierung zu geringeren Zinsen bekommen. Einige Ansätze, wie sich Ihre Liquidität steigern lässt, lernen Sie gegen Ende dieses Kapitels im Rahmen eines Exkurses kennen.

Sobald Ihr Eigenkapital definiert ist, können Sie das **erforderliche Fremdkapital** berechnen. Hierzu subtrahieren Sie von dem Immobilienkaufpreis und den Kaufnebenkosten Ihr Eigenkapital. Es verbleibt ein Betrag, für den Sie ein Darlehen benötigen. Das ist Ihr **Finanzierungsbedarf**. Falls Ihnen die Bank den Immobilienkredit zu in Ihren Augen fairen Konditionen gewährt, haben Sie Ihr Ziel erreicht. Nun können Sie anhand der jährlichen Kreditkosten und der zu erwartenden Mieteinnahmen bestimmen, wie Ihr Cashflow bei der Vermietung der finanzierten Immobilie ausfallen wird.

## Falls die Immobilie noch nicht gewählt ist: Maximale Darlehenssumme bestimmen

Sie können die Möglichkeit einer Immobilienfinanzierung bei Kreditinstituten auch dann erörtern, wenn Sie noch kein konkretes Investitionsobjekt ausgesucht haben. Es ist sogar äußerst klug, vor der Suche nach Investitionsobjekten zu klären, welche Darlehenssumme Ihnen überhaupt gewährt wird. Wenn Sie wissen, wie viel Geld Sie maximal von der Bank erhalten, können Sie bei der Online-Suche nach Immobilien die Filter auf den Websites so einstellen, dass Sie **nur Immobilien zu einem für Sie finanzierbaren Kaufpreis vorgeschlagen** bekommen.

Gehen Sie zu verschiedenen Kreditinstituten, um Kreditangebote einzuholen. Reichen Sie dabei alle geforderten Dokumente (z. B. Arbeitsvertrag, Steuererklärung) ein und teilen Sie Ihre monatliche finanzielle Belastbarkeit sowie die Höhe Ihres eingebrachten Eigenkapitals mit. Dann erhalten Sie Angebote von der Bank. Wenn Sie die Angebote bei Banken persönlich einholen, wird Ihnen die maximale Darlehenshöhe direkt mitgeteilt, sodass Sie nicht selbst rechnen müssen.

Die Rechnung, die Sie im Folgenden kennenlernen, ist dann nützlich, wenn Sie sich **online in Vergleichsrechnern Kreditangebote einholen**. Dort werden nämlich meist nur die Zinskonditionen sowie die Tilgungsraten angezeigt, sodass Sie den **maximalen Darlehensbetrag selbst errechnen** müssen.

Diesen Betrag berechnen Sie mithilfe der folgenden Größen:

- Maximale monatliche Belastbarkeit (in Euro)
- Jährlicher Tilgungssatz bei der Bank
- Jährliche Zinszahlungen an die Bank

Dabei kommt die folgende Formel zur Anwendung:

$$\text{Maximaler Darlehensbetrag} = \frac{\text{Belastbarkeitsgrenze in Euro} \times 12\ \text{Monate} \times 100\ \text{Prozent}}{\text{Zinssatz in Prozent} \times \text{Tilgung in Prozent}}$$

Weil der Zinssatz und die Tilgungsrate aufs Jahr angegeben werden, rechnen Sie auch die monatliche Belastbarkeit aufs ganze Jahr hoch. Hierzu multiplizieren Sie die monatliche Belastbarkeit mit 12. Weil überdies der Zinssatz und die Tilgungsrate in Prozent angegeben werden, multiplizieren Sie die jährliche Belastbarkeitsgrenze mit 100. So kommt es zu der geschilderten Formel.

Um den **Rechenvorgang anhand eines Beispiels leichter verständlich** zu machen:

$$\text{Maximaler Darlehensbetrag} = \frac{\text{Belastbarkeitsgrenze in Euro} \times 12\ \text{Monate} \times 100\ \text{Prozent}}{\text{Zinssatz in Prozent} \times \text{Tilgung in Prozent}}$$

$$\text{Maximaler Darlehensbetrag} = \frac{450\ \text{Euro} \times 12\ \text{Monate} \times 100\ \text{Prozent}}{2{,}48\ \text{Prozent} \times 3\ \text{Prozent}}$$

$$\text{Maximaler Darlehensbetrag} = \frac{540.000\ \text{Euro}}{7{,}44\ \text{Prozent}}$$

$$\text{Maximaler Darlehensbetrag} \approx 72.580\ \text{Euro}$$

*Erkenntnis:*

Tatsächlich ist bei einer monatlichen Belastbarkeit von 450 Euro nicht viel Spielraum bei einer Finanzierung gegeben. Sollten Sie ein Eigenkapital von beispielsweise 20.000 Euro einbringen, dann schraubt es den finanziellen Spielraum in die Höhe. Bei eingebrachtem Eigenkapital wird in der Regel auch ein höherer maximaler Darlehensbetrag als in der Rechnung erteilt, weil der Zinssatz geringer als 2,48 Prozent ausfällt und auch eine geringere Tilgungsrate als 3 Prozent nötig ist.

## Exkurs: Liquidität ermitteln und verbessern

Die Liquidität ist bei einem Barkauf und ebenso bei einer Finanzierung der Immobilie relevant. Diese Tatsache dürfte Sie motivieren, Ihre Liquidität zu optimieren. Zur **Optimierung der Liquidität** gibt es – neben der Aufnahme von Fremdkapital – zwei einfache Ansätze: die **Senkung der laufenden Kosten und den Verkauf eigener Güter**.

Da eine Senkung der laufenden Kosten die Liquidität langfristig verbessert und eine langfristige Optimierung der Liquidität als Zeichen des nachhaltigen Wirtschaftens von Banken am meisten honoriert wird, seien zunächst Ratschläge zur Kostensenkung gegeben.

### Senkung der laufenden Kosten

Auch wenn Sie Ratschläge wie die folgenden womöglich oft gehört haben und Ihnen teils sogar nervig vorkommen mögen, sei betont: **Beherzigen Sie jeden der folgenden Handlungshinweise!** Vor allem bei Finanzierungen scheitert der Schritt zur ersten eigenen Immobilie des Öfteren an Kleinigkeiten, weil die Banken besonders streng sind und Sie noch keine andere Immobilie haben, die Sie als Sicherheit einbringen könnten.

Prüfen Sie, ob Sie zur Umsetzung der **folgenden Ratschläge** bereit sind und inwiefern Sie dadurch eine Senkung Ihrer laufenden Kosten erwirken könnten:

- Umzug zur Senkung der Mietkosten
- Reduzierung des Strom- und Wasserverbrauchs
- Änderung des Heizverhaltens
- Prüfung und ggfs. Reduktion der Abschläge für Strom, Gas, Wasser o. Ä.
- Versicherungen von einem unabhängigen Makler optimieren lassen
- Kündigung unnötiger – weil z. B. selten genutzter – Mitgliedschaften und Abonnements
- Änderung der Konsumgewohnheiten (Reduzierung von oder kompletter Verzicht auf Alkohol- und Zigarettenkonsum; Umstieg auf günstigere, aber dennoch vollwertige Ernährung)

In Immobilien zu investieren und sich ein Vermögen aufzubauen, um die eigenen Lebensverhältnisse zu verbessern, hat viel mit dem richtigen Mindset zu tun. Das Mindset – also Ihre Einstellung – beginnt schon bei solch vermeintlich kleinen Anliegen wie in dieser Liste. Auch wenn Sie nicht bereit sind, einen der Ratschläge aus der Liste umzusetzen, sollten Sie zumindest durchrechnen, wie viel Potenzial zur Steigerung Ihrer Liquidität Sie hätten, wenn Sie zumindest 5 der Tipps umsetzen würden. Hier eine beispielhafte Rechnung:

- Sie ziehen in eine kleinere Wohnung um, weil Ihre aktuelle Wohnung ohnehin überdimensioniert ist, und sparen dadurch 200 Euro pro Monat.
- Zudem senken Sie durch die geringere Größe der Wohnung die Nebenkosten um 50 Euro monatlich und haben den Vorteil, dass Sie weniger Zeit und Aufwand in die Pflege der Wohnung investieren müssen.
- Durch die Optimierung Ihrer Haftpflicht- und Kfz-Versicherung sparen Sie eventuell um die 10 Euro pro Monat.
- Der Verzicht auf den Zigarettenkonsum und die Reduzierung des Süßigkeiten- oder Alkoholkonsums tragen zu einer weiteren monatlichen Ersparnis in Höhe von 55 Euro bei.

***Erkenntnis:***

In diesem Beispiel würde eine Person monatlich über 300 Euro sparen. Schon allein mit dieser Ersparnis lassen sich bestimmte Immobilienkonzepte finanzieren, u. a. ein Immobiliensparplan. Denken Sie an die großen Möglichkeiten durch die vermeintlich kleinen Ersparnisse, wenn Sie abwägen, ob Sie die Ratschläge zur Senkung der laufenden Kosten ablehnen oder umsetzen. Manchmal ist das erforderliche „bisschen Liquidität" zur Finanzierung Ihrer Immobilie nur einige wenige Maßnahmen entfernt.

## Verkauf von Gütern

Der Verkauf von Gütern ist eine Entscheidung, die Ihnen dabei hilft, Ihr nicht liquides Vermögen in Geld und somit liquide Mittel umzuwandeln. Sogar Betrieben wird zur Steigerung der Liquidität dazu geraten, nicht benötigte Güter zu verkaufen; dies kann Lagerartikel oder sogar Teile des Fuhrparks einer Firma betreffen. Wenn große Firmen, die Millionen- oder Milliardenumsätze tätigen, sich die Mühe machen, ungenutzte Güter zu verkaufen – wieso sollte eine Privatperson das nicht machen?

**Überlegen Sie sich, welche Güter Sie nicht benötigen.** Unter Umständen haben Sie einen Keller voller Sammel-Spielfiguren zu verkaufen, deren Verkauf Ihnen 5.000 Euro beschert? Oder Sie trennen sich von Dingen, zu denen Sie nur eine geringe sentimentale Verbindung haben. Auch wenn es auf den ersten Blick mit einem Komfortverlust verbunden zu sein scheint, ist der **Verkauf des Autos eventuell eine plausible Option**. Die Spritpreise steigen, was Ihren Geldbeutel regelmäßig belastet und Ihre Liquidität senkt. Des Weiteren sind für ein Fahrzeug Haltungskosten, wie Steuern und Versicherungen, zu entrichten.

Ein Monatsticket für die öffentlichen Verkehrsmittel trägt zur Senkung der laufenden Kosten (siehe voriger Abschnitt) bei, während der Verkauf Ihres Autos mindestens einige tausend Euro in Ihre Kassen spülen dürfte. Ein geringerer Ausstoß von Abgasen bei Nutzung der öffentlichen Verkehrsmittel wäre eine weitere positive Folge. Rechnen Sie für sich durch, ob die Vorteile bei der Nutzung der öffentlichen Verkehrsmittel nicht doch die Vorzüge eines eigenen Fahrzeugs übertreffen. Bedenken Sie dabei: Lösen Sie sich von in der Gesellschaft oft vorherrschenden Klischees wie „Erwachsene müssen ein Auto haben“ und treffen Sie die für Sie persönlich beste Entscheidung.

> ***Hinweis:***
>
> Wenn der Verkauf Ihres Fahrzeugs oder eines anderen Gutes keine Option ist, können Sie dieses als Alternative **verpfänden**. Sie erhalten Geld im Tausch gegen das verpfändete Gut. Je nachdem, wie der Vertrag zur Pfändung ausgestaltet ist, können Sie das **Gut weiterhin nutzen oder haben ein Rückkaufsrecht**. Prinzipiell könnten Sie direkt nach dem Erhalt des Kredits durch die Bank das gepfändete Gut gegen eine Gebühr wieder in Ihren Besitz bringen. Die Verpfändung von Autos zur Steigerung des Eigenkapitals für eine Immobilienfinanzierung bietet beispielsweise das bekannte Pfandhaus Pfando auf seiner Website an (Pfando, 2022).

Ob Kleinigkeiten, größere Güter oder Luxusartikel: Im Gegensatz zu Immobilien haben die meisten nicht liquiden Mittel den Nachteil, dass sie an Wert verlieren, was Ihr Vermögen schmelzen lässt. Immobilien haben hingegen die potenziellen Vorzüge, dass Sie an Wert gewinnen können, praktisch (z. B. zum Wohnen) genutzt werden können und außerdem vermietet und zur Erzielung von Einkünften eingesetzt werden können.

## Möglichkeiten zur Finanzierung durch Fremdkapital

Um Immobilien zu finanzieren, können Sie sich zur Verbesserung Ihrer Liquidität auch **um Fremdkapital bemühen**. Ob Sie Fremdkapital erhalten, hängt von mehreren Faktoren ab. Die erste Frage ist, wie Sie das Fremdkapital beziehen. Die klassische und am weitesten verbreitete Form der Aufnahme von Fremdkapital ist die Kreditaufnahme.

Einen Kredit erhalten Sie bei einer Bank oder einem anderen Kreditinstitut, sofern Sie die Bedingungen des Instituts erfüllen. Diese Bedingungen sind streng, denn Banken möchten sich möglichst sicher sein, dass sie das geliehene Geld zurückerhalten. Auf die Bedingungen der Banken wurde bereits eingegangen. Die genauen Voraussetzungen für Finanzierungen erfahren Sie bei dem jeweiligen Kreditinstitut oder auf Vergleichsportalen im Internet. Im Idealfall **vergleichen Sie die Kreditkonditionen mehrerer Kreditinstitute**.

Die Alternative zum Kredit bei einer Bank ist ein **Darlehen von einem privaten Geldgeber**. Am vorteilhaftesten ist es, wenn Sie in Ihrer Familie oder **im Bekanntenkreis** Personen haben, die bereit sind, Ihnen Geld zu leihen. Unter Umständen erhalten Sie das Geld zinsfrei als einen freundschaftlichen Gefallen und müssen nur den geliehenen Betrag zurückzahlen. Haben Sie in Ihrem Bekanntenkreis hingegen keinen privaten Geldgeber, so stehen Ihnen mehrere **Websites im Internet** zur Verfügung, die private Geldgeber mit Suchenden in Verbindung bringen. Beispiele für solche Websites sind Smava und auxmoney. Es muss jedoch eingeräumt werden, dass die Voraussetzungen für den Erhalt eines Darlehens teilweise genauso streng sind wie bei Kreditinstituten.

Zuletzt ist das **Crowdinvesting** eine weitere Option, um eine Immobilie zu finanzieren. Hierbei erhalten Sie kein zusätzliches Kapital, sondern **bündeln Ihr Eigen- und eventuell Fremdkapital mit den liquiden Mitteln anderer Personen**. So entsteht eine Menge (engl. crowd) an Investoren, die gemeinsam Geld in eine oder mehrere Immobilien anlegt. Fürs Crowdinvesting gibt es mehrere Websites im Internet; die Seriosität der meisten Angebote ist allerdings zweifelhaft. Falls Sie Interesse am Crowdinvesting haben, **informieren Sie sich am besten bei Filialbanken wie der Sparkasse und der TARGOBANK**. Hier werden Sie die Berater in den Filialen über das Crowdinvesting in Immobilien beraten und Ihnen seriöse Angebote von Investmentgesellschaften vorstellen.

## Zusammenfassung

- Sie bauen sich mithilfe von Immobilienfinanzierungen einen Bestand aus mehreren Immobilien auf, indem Sie die finanzierten Immobilien vermieten. Entweder erreichen Sie schon zu Beginn der Finanzierung oder wenige Jahre später einen **positiven Cashflow**. Dann nehmen Sie durch die Mieteinnahmen mehr Geld ein, als Sie für die Immobilienfinanzierung und die laufenden Kosten der Immobilie ausgeben. An diesem Punkt können Sie die nächste Immobilie finanzieren. So geht es Schritt für Schritt weiter, bis Sie mehrere Immobilien besitzen.
- Um so schnell wie möglich einen positiven Cashflow zu erzielen, nutzen Sie die folgende **Technik zur Auswahl der richtigen Investitionsobjekte**: Investieren Sie bevorzugt im Umland von Großstädten und in C-Citys, die sich in einer guten Lage befinden. Wählen Sie zudem Immobilien mit einem hohen Mietsteigerungspotenzial. Wenn die kostendeckende Nettokaltmiete unter der ortsüblichen Vergleichsmiete liegt, ist das ein gutes Merkmal, weil noch reichlich Potenzial zur Mietsteigerung verbleibt.
- Bringen Sie in eine Immobilienfinanzierung nur so viel Eigenkapital ein, wie notwendig ist, um den Kredit zu bekommen und um ggfs. geringere laufende Kreditkosten zu erreichen. Berechnen Sie Ihre monatliche finanzielle Belastbarkeit, indem Sie leicht pessimistisch planen und Sicherheitsrücklagen einkalkulieren.

# #2 Preisreduzierte Immobilien kaufen

Es stehen in Deutschland Millionen an Immobilien zum Verkauf, die aufgrund spezieller Eigenschaften im Preis reduziert sind und deren Kaufpreis **20 bis 80 Prozent unter dem üblichen Verkehrswert** liegt. Um die meisten dieser Immobilien machen Investoren, Immobilienhändler und Vermieter einen Bogen, weil die besagten speziellen Eigenschaften entweder Nachteile sind oder als solche empfunden werden. Sie lernen in diesem Kapitel folgende Gründe kennen, weswegen Immobilien im Preis reduziert sind:

- Eine Immobilie wird mit Wohnrecht verkauft.
- Eine Immobilie wird mit Nießbrauch verkauft.
- Auf dem Grundstück der Immobilie befinden sich Altlasten.
- Es handelt sich um eine denkmalgeschützte Immobilie.

Damit Sie zur korrekten Umsetzung der Technik, preisreduzierte Investitionsobjekte auszuwählen, imstande sind, werden Ihnen im Folgenden zu jedem der vier Szenarien die **spezifischen Vor- und Nachteile sowie die Auswahlkriterien für Immobilien** vorgestellt. Dabei werden Sie merken, dass sich trotz der Nachteile (z. B. Altlasten auf dem Grundstück) und trotz der Einschränkungen durch Behördenvorgaben (z. B. denkmalgeschützte Immobilien) mit hohen Renditepotenzialen in preisreduzierte Objekte investieren lässt. Sie müssen dazu lediglich wissen, wie Sie die Objekte auswählen – und genau das erfahren Sie in diesem Kapitel.

## Immobilienkauf mit Wohnrecht

Der Kauf einer Immobilie mit Wohnrecht gibt dem Verkäufer oder einer anderen Person das **Recht, nach dem Verkauf befristet oder unbefristet in der Immobilie wohnen zu bleiben**. Es ist dieser Person zudem erlaubt, einen ehelichen oder nicht-ehelichen Lebenspartner aufzunehmen; das Wohnrecht bleibt aber stets an eine Person gebunden. Ein befristetes Wohnrecht kann auf mehrere Jahre oder Jahrzehnte ausgedehnt sein. Demgegenüber berechtigt das unbefristete Wohnrecht den Verkäufer dazu, lebenslang in der Immobilie wohnen zu bleiben.

Geregelt ist das Wohnrecht in § 1093 des Bürgerlichen Gesetzbuchs (BGB). Es wird beim Verkauf einer Immobilie im Grundbuch festgehalten und an eine Person gebunden; eine **Übertragung des Wohnrechts von einer Person auf eine andere ist nicht möglich** (Neuhaus, 2019). Das verschafft Ihnen bei einer Investition in eine Immobilie mit unbefristetem Wohnrecht den Vorteil, dass Sie sich sicher sein können, dass das Wohnrecht nicht auf eine andere, jüngere Person übertragen wird. Dies macht vor allem die Investition in Immobilien mit älteren wohnberechtigten Personen zu einer lukrativen Option.

### Chance: Geringerer Immobilienkaufpreis durch Reduktion um den Barwert des Wohnrechts

Schon allein aus logischen Gründen ist klar: Eine Immobilie, die Sie kaufen, aber nicht sofort nutzen oder vermieten dürfen, muss günstiger als im Normalfall sein. So verhält es sich bei einer Investition in Immobilien mit Wohnrecht. Diese werden nämlich **im Kaufpreis um den Wert des Wohnrechts reduziert**. Bei der Berechnung des Wohnrechtwerts werden die möglichen Mieteinnahmen als Vergleichsfaktor herangezogen: Das, was Sie als Vermieter über die Dauer des Wohnrechts an Miete eingenommen hätten, wird vom Kaufpreis subtrahiert.

Sollten die üblichen Mieten bei vergleichbaren Immobilien im Stadtteil bei ca. 500 Euro pro Monat liegen, so würden Sie als Käufer einer Immobilie mit 15-jährigem Wohnrecht 90.000 Euro am Immobilienkaufpreis sparen. 15 Jahre x 12 Monate/Jahr x 500 Euro/Monat ergeben nämlich insgesamt 90.000 Euro.

Sie erhalten gewissermaßen 15 Jahre Mieteinnahmen auf einen Schlag – mit dem Unterschied, dass dieser Betrag nicht ausgezahlt, sondern vom Kaufpreis abgezogen wird. Die Tatsache, dass der Kaufpreis geringer ausfällt, führt dazu, dass Sie für den Kauf der Immobilie **weniger Eigenkapital und/oder einen geringeren Darlehensbetrag** benötigen.

*Erkenntnis:*

An dieser Stelle könnte man argumentieren, dass Ihnen die Möglichkeit zur Mietsteigerung in den 15 Jahren des Wohnrechts entgeht. Weil der Wert des Wohnrechts an den ortsüblichen Vergleichsmieten bemessen wird, es sich aber um keine Mietzahlung handelt, wird der Wert nur einmal bemessen und nicht gesteigert. Eine Miete hingegen würde mehrmals gesteigert werden und dadurch über einen Zeitraum von 15 Jahren höhere Einnahmen bringen. Dieser Kritikpunkt stimmt zwar, doch aufgrund des geringeren Kaufbetrages benötigen Sie kein oder nur ein geringeres Darlehen für den Kauf der Immobilie, was den Vorteil hat, dass Sie an den laufenden Kreditkosten sparen. Somit gleicht sich der Nachteil, keine Mietsteigerungen vornehmen zu können, bei einer Finanzierung der Immobilie aus.

Ein strategischer Ansatz bei der Auswahl von Immobilien mit einem lebenslangen oder unbefristeten Wohnrecht ist die **Auswahl von Objekten, bei denen die wohnberech-**

**tigte Person äußerst alt oder schwerkrank ist**. Je länger der Zeitraum für das Wohnrecht ist, umso stärker reduziert sich der Kaufpreis der Immobilie. Gleichzeitig ist bei älteren und schwerkranken Personen davon auszugehen, dass diese nicht den kompletten Zeitraum des Wohnrechts überleben. Sollte die wohnberechtigte Person bereits nach wenigen Jahren sterben, ist die **Immobilie für Sie früher nutzbar**, aber Sie haben dennoch einen Immobilienkaufpreis gezahlt, der um 10 Jahre Mieteinnahmen oder noch mehr gemindert war.

Auch wenn es moralisch verwerflich klingen mag, bei der Immobilieninvestition auf das baldige Ableben der wohnberechtigten Person zu spekulieren, ist es strategisch nachvollziehbar und kann Ihnen einen erheblichen finanziellen Profit verschaffen. Letztlich tun Sie der Person ohnehin einen Gefallen, denn die meisten Personen, die ihre Immobilien mit Wohnrecht verkaufen, haben finanzielle Nöte und benötigen das Geld. Sie ermöglichen der Person durch die Überweisung des Kaufbetrags einige letzte Jahre in finanziell sicheren oder sogar privilegierten Verhältnissen und belassen ihr zudem das Recht, in ihrem Zuhause wohnen zu bleiben. Dass Sie langfristig oder im Falle eines frühen Todes kurzfristig finanziell stark profitieren, sei Ihnen in Anbetracht der Umstände gewährt.

Während die Immobilie von dem Verkäufer bewohnt wird, schöpfen Sie zwei weitere Vorteile aus: die Wertsteigerung und die Überbrückung des Spekulationszeitraums.

- **Zum einen steigert sich der Wert der Immobilie in dem Zeitraum, in dem diese bewohnt wird**. Angesichts der Tatsache, dass Sie die Immobilie aufgrund des Wohnrechts zu einem wesentlich günstigeren Preis als dem Verkehrswert erhalten haben, ist es nicht unrealistisch, dass sich die Immobilie nach einem Ablauf von beispielsweise 10–15 Jahren Wohnrecht für mehr als das Doppelte des ehemaligen Kaufpreises verkaufen lässt.

- **Zum anderen überbrücken Sie bei einem Wohnrecht von mindestens 10 Jahren oder mehr den Spekulationszeitraum.** Die Spekulationssteuer gemäß § 23 des Einkommensteuergesetzes (EStG) fällt auf Immobilien an, die innerhalb eines Zeitraums von 10 Jahren angekauft und gewinnbringend wiederverkauft werden (Bundesministerium für Justiz, 2022). Sollten Sie die Immobilie nach dem Ablauf des Wohnrechts verkaufen und Gewinn machen, müssen Sie auf den Gewinn – egal, wie hoch dieser ist – keine Steuern zahlen.

## Herausforderung: Unklarer Zustand der Immobilie und Kostenübernahme für Sanierungen

Nicht nur die Bemessung des Wohnrechtwerts orientiert sich an den gesetzlichen Auflagen der Vermietung. Auch die Pflichten des Eigentümers und Wohnberechtigten ähneln zum Teil denen einer Vermietung.

Sie als neuer Eigentümer müssen die **Kosten für Sanierungen und größere Reparaturen übernehmen**. Gleichwohl haben Sie allerdings keine Verpflichtung, Sanierungen vorzunehmen. Über die Fairness der gesetzlichen Regelung lässt sich an diesem Punkt streiten, denn wenn Sie jegliche Sanierungen verweigern, muss der Wohnberechtigte dauerhaft in einer Immobilie mit substanziellen Mängeln leben. Um Rechtsstreitigkeiten mit dem Wohnberechtigten zu vermeiden und Ihre Immobilie in einem guten Zustand zu bewahren, ist die Durchführung notwendiger Sanierungen klar empfohlen.

Problematisch wird es, wenn häufig saniert werden muss, weil der **Wohnberechtigte sich nicht um die Pflege der Immobilie kümmert**. Verwilderte Gärten, Messie-Wohnungen, Marderbefall, starke Schimmelentstehung – all das sind Probleme, die auftreten können. Ungünstig ist unter diesem Blickpunkt, dass Sie als Eigentümer **kein Besichtigungsrecht für den Teil der Immobilie** haben, in dem der Wohnberechtigte wohnt. In diesem Aspekt unterscheidet sich das Konzept des Wohnrechts von der Vermietung, bei der der Vermieter ein Anrecht darauf hat, die Immobilie bzw. die einzelnen Wohneinheiten in einer bestimmten Häufigkeit und Frequenz zu besichtigen und sich eines angemessenen Zustands zu vergewissern.

Die Ungewissheit über den Zustand der Immobilie und die Kostenübernahme für eventuell notwendige Sanierungen sind die Schattenseiten bei einer Investition in Immobilien mit Wohnrecht. Da ist die Tatsache, dass nicht Sie, sondern die Wohnberechtigten kleinere Schönheits- und Reparaturmaßnahmen durchführen müssen, nur ein schwacher Trost.

### Beispiel: Immobilie in Neuenhagen bei Berlin im Speckgürtel der Hauptstadt

*Die untersuchte Immobilie in Neuenhagen bei Berlin kostet 309.000 Euro und sieht ein Wohnrecht von 15 Jahren für den Verkäufer der Immobilie vor. Im Speckgürtel der Hauptstadt gelegen, ist die Lage der betreffenden Immobilie attraktiv. Zwar sind Immobilien direkt im Umkreis von Berlin mit dem Auto und den öffentlichen Verkehrsmitteln besser erreichbar, ziehen mehr Berufstätige und Auszubildende aus Berlin an, verzeichnen höhere Wert- und Mietsteigerungspotenziale und Mieter lassen sich leichter finden, doch dort sind die Immobilienkaufpreise entsprechend höher.*

*Neuenhagen bei Berlin, das als C-Stadt kategorisiert werden könnte, bietet ausreichend gute Aussichten auf eine langfristig positive Wertentwicklung der dort liegenden Immobilien. Aufgrund der im letzten Jahrzehnt konstant steigenden Kaufpreise und Mieten in dieser Stadt, wobei die Mieten speziell im Jahr*

*2022 einen beachtlichen Sprung von fast 50 Prozent verzeichneten (!), ist davon auszugehen, dass sich diese Entwicklung fortsetzen wird. Auch das mögliche Platzen einer Immobilienblase dürfte angesichts der noch geringen Kaufpreise die langfristig positive Entwicklung der Immobilie kaum einschränken, sondern nur ausbremsen.*

*Um von der Standortanalyse auf die Analyse der Immobilie zu kommen: Bei einer Wohnfläche von 77 m$^2$, einer Grundstücksfläche von 837 m$^2$ und einem absolut einwandfreien Zustand wird das Objekt zum Kaufpreis von 309.000 Euro deutlich unter dem Verkehrswert angeboten – das stellt sich durch einen Vergleich mit den Kaufpreisen anderer Immobilien in Neuenhagen und bei einem Blick auf die allgemeinen Preise pro m$^2$ heraus. So liegt allein der Wert der Wohnfläche von 77 m$^2$ zum Durchschnittspreis von rund 3.900 Euro pro m$^2$ bei rund 300.000 Euro. Bei Betrachtung der durchschnittlichen Grundstückspreise in Neuenhagen bei Berlin zwischen 430 und 500 Euro pro m$^2$ zeigt sich, dass zum Gebäudewert von knapp 300.000 Euro noch der Grundstückswert von über 350.000 Euro hinzukommt (miete-aktuell.de, 2022; immowelt.de, 2022; aktuelle-grundstueckspreise.de, 2022).*

***Hinweis:***

Die den Quellen entnommenen Daten sind nur zum Teil aktuell, da es schwierig ist, für einige Städte und Gemeinden die aktuellen Preise zu finden – als Investor sollte man dieses Problem bei der Bewertung von Immobilien in Kleinstädten und an vergleichbaren Orten beachten.

*Bei dem eigentlichen Gesamtwert in Höhe von ca. 650.000 Euro sind die 309.000 Euro, für die die Immobilie mit 15 Jahren Wohnrecht zum Verkauf steht, regelrecht ein Schnäppchen. Angesichts des üblichen Mietpreises von 9,68 Euro je m$^2$ entgeht dem*

*Käufer bei einem Wohnrecht des Verkäufers von maximal 15 Jahren eine Miete in Höhe von ca. 134.000 Euro zuzüglich der Mietsteigerungen, die in den 15 Jahren des Wohnrechts möglich gewesen wären. Nichtsdestotrotz steht immer noch eine Ersparnis in Höhe von über 150.000 Euro gegenüber dem eigentlichen Verkehrswert der Immobilie zu Buche. Somit spricht vieles für die Auswahl der Immobilie als Investitionsobjekt.*

Das Beispiel veranschaulicht die positiven Auswirkungen des Wohnrechts auf den Kaufpreis einer Immobilie. Dabei zeigt sich, dass der Kaufpreis für die Immobilie nicht nur um den Wert des Wohnrechts sinken, sondern noch geringer ausfallen kann. Es ist möglich, dass Sie auf der Suche nach Immobilien mit Wohnrecht des Öfteren **Objekte finden, die außerordentlich günstig und um mehr als den Wert des Wohnrechts reduziert sind**. Die möglichen Gründe dafür sind plausibel: Abgesehen von der Tatsache, dass sich Immobilien außerhalb von Großstädten nicht immer zum Verkehrswert verkaufen lassen, haben die meisten Verkäufer finanzielle Probleme und möchten die Immobilie schnellstmöglich verkaufen. Das Wohnrecht ermöglicht diesen Verkäufern, nach dem Erhalt des Kaufbetrags trotzdem in ihrem jahrelangen Zuhause wohnen zu bleiben – unter diesen Voraussetzungen erklären sich die Verkäufer zu geringeren Verkaufspreisen bereit.

## Abschließende Tipps zur Investition in Immobilien mit Wohnrecht

- Wenn Sie nach Immobilien mit Wohnrecht suchen, sollten Sie verstärkt im Umland von Großstädten oder in C-Städten recherchieren. Unter Umständen gibt es auch unter den ansonsten überteuerten Immobilien in B-Städten das ein oder andere Investitionsobjekt, das zu einem fairen Preis verkauft wird und ein gutes Potenzial zur Wertsteigerung hat.

- Wählen Sie bevorzugt Immobilien mit einem Wohnrecht von 10 bis 15 Jahren mit Wohnberechtigten, die älter als 70 Jahre sind. In den meisten Fällen sinkt der Kaufpreis der Immobilie erst ab einem Wohnrecht mit einer Dauer von 10 bis 15 Jahren auf ein lukratives Niveau.
- Sollten Sie eine Immobilie mit einem kürzeren Wohnrecht finden, bei der der Kaufpreis mindestens 30 Prozent unter deren Verkehrswert liegt, dann lohnt es sich, die Eigenschaften (Lagekriterien, Zustand etc.) dieser Immobilie zu prüfen. Unter Umständen erweist sich die Immobilie als gutes Investitionsobjekt.

## Oft mit dem Wohnrecht verwechselt: Das Nießbrauchrecht

**Das Nießbrauchrecht** räumt der Person, die dieses Recht genießt, **mehr Möglichkeiten als das Wohnrecht** ein. Wenn eine Immobilie mit Nießbrauchrecht verkauft wird, darf die als Nießbraucher eingetragene Person die Immobilie beispielsweise auch **vermieten und Einnahmen daraus erzielen**. Sie hat – so fasst man alle Rechte und damit verbundenen Pflichten zusammen – das Recht auf Nutzung und Fruchtziehung.

In der Regel dauert das Nießbrauchrecht bis zu dem Zeitpunkt, an dem der Nießbraucher verstirbt. Erst danach hat der Eigentümer alle Rechte an seiner Immobilie und darf diese vermieten. Aufgrund der umfassenden Rechte, die dem Nießbrauchberechtigten eingeräumt und im Grundbuch eingetragen werden, sinkt der Kaufpreis der Immobilie (Götz, 2018). Um welchen Betrag sich der Kaufpreis der Immobilie mindert, ist aufgrund mehrerer Verfahren zur Wertermittlung im Umfang dieses Buches nicht zu erklären. Es gibt gesetzliche Vorschriften, sodass Sie sich dessen sicher sein können, dass der **Kaufbetrag, den Sie bei einer Immobilie mit Nießbrauchrecht sehen, fair bestimmt** wurde. Dennoch können Sie versuchen, zu verhandeln, um eine Senkung des Preises zu erzielen.

Die Vor- und Nachteile der Investition in eine Immobilie mit Nießbrauchrecht decken sich weitestgehend mit denen bei einem Investitionsobjekt mit Wohnrecht. Sie als Eigentümer haben bei Immobilien mit Nießbrauchrecht den größeren Vorteil, dass **Nießbrauchberechtigte mehr Kosten zu tragen haben**. Hierzu zählen die Versicherungskosten, die Kommunalabgaben, die Grundsteuerzahlungen sowie die Betriebskosten. Des Weiteren müssen Nießbrauchberechtigte für die Kosten der Verschleißreparaturen in der und um die Immobilie aufkommen. Sie als **Eigentümer** haben lediglich **Sanierungs-, Modernisierungs- und Erschließungskosten** zu tragen. Ihre Zahllast fällt im Vergleich zu einer Immobilie mit Wohnrecht prinzipiell geringer aus.

Ein größerer Nachteil an Investments in Immobilien mit Nießbrauchrecht besteht darin, dass das **Recht meist lebenslang gilt**, was beim Wohnrecht hingegen seltener der Fall ist. Bis zum Ableben des Nießbrauchers müssen die Eigentümer damit vorliebnehmen, dass sie keine Einnahmen mit der Immobilie erzielen, aber für ggfs. notwendige Sanierungs-, Modernisierungs- und Erschließungskosten aufkommen müssen.

In Anbetracht des gesamten Sachverhalts gilt die allgemeine Empfehlung, die Investition in Immobilien mit Wohnrecht zu bevorzugen. Sollte sich ein Objekt mit Nießbrauchrecht zu einem Preis deutlich unter dem Verkehrswert vergleichbarer Immobilien und mit einem äußerst alten oder kranken Nießbraucher finden, kann eine Investition in die Immobilie erwogen werden.

## Kauf von Immobilien auf Grundstücken mit Altlasten

> „Altlasten sind abgrenzbare Flächen, die durch vergangene Nutzung umweltschädlich verändert wurden. Bei betroffenen Grundstücken ist die gesetzliche Mindestqualität des Bodens nicht mehr gegeben, sodass nur noch eine eingeschränkte Nutzung der Fläche möglich ist.
>
> Gemäß § 2 Abs. 5 BBodSchG (Bundesbodenschutzgesetz) wird unterschieden zwischen:
>
> - Altablagerungen – Grundstücke, auf denen Abfälle gelagert oder verarbeitet wurden
> - Altstandorte – Grundstücke, auf denen umweltgefährdende Stoffe verarbeitet wurden“ (exporo.de, 2022)

Unter den Begriff der Altlasten fallen also immer **Verunreinigungen des Bodens**. Eigentümer von Immobilien sind verpflichtet, die Altlasten zu entsorgen. Kaufen Sie eine Immobilie mit einem verunreinigten Boden, dann müssen Sie grundsätzlich die Kosten für dessen Sanierung tragen. Es bestehen allerdings Ausnahmen von Ihrer Verantwortung für die Altlasten: Falls Ihnen die Altlasten vom Verkäufer der Immobilie vorsätzlich verschwiegen wurden, dürfen Sie vom Kaufvertrag Abstand nehmen. Der Haken bei dieser Ausnahme ist, dass Sie als Käufer nachweisen müssen, dass Ihnen die Altlasten vorsätzlich verschwiegen wurden. Dies ist in den meisten Fällen nur schwer möglich.

Bis hierhin klingt das Vorhandensein von Altlasten eher negativ, denn Sie tragen die Verantwortung für die Sanierung der Altlasten und müssen diese Maßnahmen wahrscheinlich selbst bezahlen, während es kaum eine Möglichkeit gibt, vom Kaufvertrag Abstand zu nehmen. Allerdings haben Altlasten den positiven Effekt, dass der Kaufpreis der Immobilie um die **Kosten für die Sanierung der Altlasten** sinkt.

**Tipp:**

Um sich gegen unerwartete Altlasten abzusichern, lassen Sie in „verdächtigen" Gegenden oder bei „verdächtigen" Immobilien am besten ein Bodengutachten durchführen. Die Preise hierfür liegen oberhalb von 1.000 Euro, jedoch fast immer unter 2.000 Euro. „Verdächtig" in Bezug auf Altlasten sind jene Gegenden und Immobilien, die in der Nähe eines ehemaligen produzierenden Betriebs oder einer ehemaligen Tankstelle liegen. Des Weiteren kann die Historie der Umgebung und der umliegenden Grundstücke Rückschlüsse auf das Vorhandensein von Altlasten liefern. Ferner gibt es verdächtige Straßennamen wie „Zum Stahlwerk", aus denen sich ein erhöhtes Risiko für vorhandene Altlasten ableiten lässt (Musterhaus.net, 2020). Wenn Sie Altlasten feststellen, dann sollten Sie in jedem Fall über eine Senkung des Kaufpreises für die Immobilie verhandeln oder Abstand von einer Investition in das betreffende Objekt nehmen.

## Chance: Einfachere Sanierung und dennoch weitaus geringerer Kaufpreis

Obwohl die Verantwortung für die Sanierung des Bodens bei Ihnen liegt, müssen Sie die Sanierung nicht immer durchführen. Treten nämlich die Altlasten nicht nach außen oder an die Umwelt, sondern bleiben im Boden, ist die **Sanierung meist nicht notwendig**. Sie können in diesem Fall das Grundstück zu einem ermäßigten Preis kaufen. Problematisch wird es, mit den Altlasten auf dem Grundstück unmittelbar einen neuen Käufer zu finden, falls Sie die Immobilie ankaufen und zügig wiederverkaufen möchten.

Somit können Sie mit einer Immobilie, die Sie mit Altlasten kaufen und mit diesen Altlasten wiederverkaufen möchten, nur bei einer **langen Haltedauer** von meist mindestens 10 Jahren einen signifikanten Gewinn machen. In diesem Zeitraum steigt der Immobilienwert im Idealfall aufgrund der **allgemein positiven Preisentwicklung der Immobilien im Umkreis** und es ist Ihnen möglich, die Immobilie zu einem wegen der Altlasten verringerten, aber dennoch höheren Preis, als Sie gezahlt haben, zu verkaufen.

Alternativ können Sie eine mit Altlasten gekaufte Immobilie direkt vermieten. Die **Altlasten wirken sich nicht mietmindernd aus**. Problematisch wird es für Sie erst dann, wenn Ihre Mieter den Boden bearbeiten (z. B. Gartenarbeit, spielende Kinder, Haustiere) und durch enthaltene Chemikalien jemand zu Schaden kommt oder Sie dann zur Sanierung des Bodens verpflichtet sind. Daher ist es bei einer Vermietung einer Immobilie mit Altlasten angeraten, nur Mieter ohne Kinder und Haustiere auszuwählen und außerdem ein Nutzungsverbot auf den Garten und die Grünflächen zu verhängen.

Man gehe davon aus, dass Sie sich für die Investition in eine Immobilie mit Altlasten entscheiden und die Altlasten sanieren möchten: Dieser Schritt ist zu begrüßen, denn so steigern Sie die Sicherheit für Mieter oder Nacheigentümer und mindern die Risiken für die Umwelt. Zwar müssen Sie den aufgrund der Altlasten gesparten Teil des Kaufbetrags zum Teil in die Bodensanierung investieren, doch meist machen Sie trotzdem einen Gewinn. Grund hierfür ist, dass der **Kaufpreis der Immobilie** nicht nur um die reinen Sanierungskosten, sondern **auch um Ihren organisatorischen und bürokratischen Aufwand rund um die Sanierung reduziert** wird. Es handelt sich also um ein ähnliches Prinzip wie bei einer Investition in baufällige Gebäude, die saniert und mit Gewinn wiederverkauft werden (siehe nächstes Kapitel mit der „Fix & Flip"-Strategie): Nach einer Sanierung – bei Altlasten ist es speziell die Bodensanierung – können Sie die Immobilie trotz der Sanierungskosten mit einem Gewinn wiederverkaufen.

## Herausforderung: Korrekte Kalkulation der Sanierungskosten

Bestimmte Altlasten können krebserregend sein. Beispiele hierfür sind Schwermetalle wie Chrom und Kupfer. Ferner gibt es Stoffe, die die Haut reizen, so wie es beispielsweise auf die BTX-Aromate Benzol und Toluol zutrifft. Je nachdem, welche Altlasten vorliegen und ob diese gefährlich oder ungefährlich sind, variieren die Kosten für die Bodensanierung.

Die fachkundige Abtragung der betroffenen Bodenflächen und die fachmännische Entsorgung der Schadstoffe oder Abfälle kann **pro Kubikmeter zwischen 100 und 600 Euro** kosten. Falls die Immobilie denkmalgeschützt ist, liegen die Kosten oft höher, weil im Zuge der Bodensanierung eventuell bestimmte Vorschriften des Denkmalschutzes berücksichtigt werden müssen. Holen Sie mehrere Angebote von Sanierungsfirmen ein und lassen Sie die Kosten der Bodensanierung von Experten, wie beispielsweise dem Bodengutachter, einschätzen. Je mehr Kosteneinschätzungen Sie haben, umso verlässlicher sind die Angaben.

Sprechen Sie zudem mit den Eigentümern der Nachbargrundstücke. Sollten die Nachbarn in Ihrer unmittelbaren Umgebung bereits Bodensanierungen durchgeführt haben, können Sie die Kosten noch zuverlässiger kalkulieren. Selbst wenn Sie 20 oder mehr Kosteneinschätzungen und obendrein die Erfahrungsberichte Ihrer Nachbarn eingeholt haben, besteht die **Gefahr, dass Sie die Sanierungskosten falsch einschätzen**. Dann kann es sein, dass Sie für die Bodensanierung mehr Geld ausgeben, als Sie durch den reduzierten Kaufpreis einsparen. Unter diesen Umständen machen Sie ein schlechtes Geschäft. Zwar kann die Immobilie im Laufe der Jahre dennoch an Wert zulegen, sodass Sie bei einem Wiederverkauf nach 10 bis 20 Jahren einen Gewinn machen, den Sie nicht versteuern müssen, doch Sie hätten mit einer anderen Immobilie einen höheren Gewinn machen können.

## Beispiel anhand einer Immobilie mit Teerkontaminationen in Grabow

*Zum Verkauf stand im Jahr 2018 eine Immobilie in Grabow, deren Grundstück Altlasten in Form von Teerkontaminationen aufwies. Die Immobilie selbst war ebenso wie der Boden sanierungsbedürftig. Sie hatte ein Erdgeschoss und zwei Obergeschosse und kam insgesamt auf eine Wohnfläche von 300 $m^2$. Vergleichbare Immobilien mit ähnlichem Grundriss und ähnlicher Wohnfläche, aber ohne Teerkontaminationen und in einem guten Gebäudezustand kosteten zu diesem Zeitpunkt in Grabow 120.000 bis 150.000 Euro. Für die in diesem Beispiel beschriebene Immobilie wurden lediglich 5.000 Euro verlangt.*

*Der geringe Kaufpreis erklärte sich nicht nur anhand der erforderlichen Boden- und Immobiliensanierung, sondern fand auch in der generellen Unattraktivität des Immobilienstandorts Grabow eine Erklärung. Zudem sah der Verkäufer seinen Lebensmittelpunkt nicht mehr in Deutschland und wollte sich der Immobilie schnellstmöglich entledigen. Dabei wurde er von Emotionen getrieben und machte sich aufgrund der Teerkontaminationen Sorgen, obwohl diese tief unter der Oberfläche gebunden waren und somit nicht entsorgt werden mussten. Daher war der Verkäufer bereit, einen sehr geringen Verkaufspreis anzubieten, ohne jedoch zu verraten, dass im Boden Teerkontaminationen vorhanden waren.*

*In der Nähe von Grabow liegt die Großstadt Hamburg. Die in der Big City Hamburg und außerdem in der Nähe von Hamburg rapide ansteigenden Immobilienpreise zeichneten sich bereits im Jahr 2018 ab. Auch in Grabow und in anderen kleineren Städten in der Nähe von Hamburg, beispielsweise in Ludwigslust, stellte sich eine positive Wertentwicklung der Immobilien ein. Heute*

*(Stand: September 2022) sind vergleichbare Immobilien in Grabow, die in einem guten Zustand sind und keine Bodenkontaminationen aufweisen, bereits über 200.000 Euro wert. Einige Immobilien mit 200 bis 300 m² Wohnfläche erreichen Kaufpreise von 300.000 Euro. Die Kaufpreise schwanken stark, doch in einem Zeitraum von nicht mal fünf Jahren bis September 2022 ist bereits eine äußerst deutliche Preissteigerung vergleichbarer Immobilien eingetreten.*

*Kalkuliert man mit dem geringen Kaufpreis von 5.000 Euro und geht von einer Preissteigerung auf mindestens 200.000 Euro aus oder hält die Immobilie sogar länger als 5 Jahre und erzielt einen noch höheren Verkaufspreis, so stellt sich die Frage, ob sich eine Investition in dieses Objekt gelohnt hätte. In dem vorliegenden Fall nahm der Käufer S. aufgrund der Unehrlichkeit des Verkäufers in Bezug auf die Menge der Teerkontaminationen Abstand vom Kauf, sodass sich heute keine genaueren Angaben zu der Immobilie machen lassen. Doch selbst wenn man die Kosten für die Sanierung der unerwartet hohen Menge an Teerkontaminationen und für die Sanierung der Immobilie zusammenrechnet, hätte sich eine Investition in das besagte Objekt auf ganzer Linie gelohnt. Dies hätte sich auch voraussehen lassen, doch die Spannungen zwischen dem Käufer und Verkäufer der Immobilie ließen das Geschäft platzen.*

Das Beispiel ruft einerseits zur Achtsamkeit auf: Ja, es gibt unehrliche Verkäufer, die mit ihrem Verhalten ein gutes Geschäft zunichtemachen können. Zudem kann es **durch die Unehrlichkeit zu unerwartet hohen Sanierungskosten kommen**, sodass Sie mit dem Kauf der Immobilie Verluste machen. Prinzipiell ist daher von einer Investition in Immobilien mit Altlasten abzuraten.

Andererseits zeigt das Beispiel, dass einige Immobilien derart stark im Preis reduziert sind, dass sich eine Investition in diese sogar dann lohnt, wenn die Sanierungskosten um ein Vielfaches höher als erwartet ausfallen. Diese **im Preis auffällig günstigen Immobilien** sollten Sie gezielt suchen. Hier rechtfertigt die außerordentlich hohe Renditechance das Risiko unerwartet hoher Sanierungskosten.

## Abschließende Tipps zur Investition in Immobilien auf Grundstücken mit Altlasten

- Filtern Sie auf Websites zur Immobiliensuche nach Objekten, die 20.000 Euro oder weniger kosten. Bei Investitionen in Immobilien mit Altlasten zu Preisen in dieser geringen Größenordnung sind die Risiken überschaubar.
- Prüfen Sie bei den einzelnen Angeboten, weswegen die Immobilien so günstig sind. Wählen Sie für Ihre engere Auswahl die Immobilien, die mindestens in einer C-Stadt liegen und über die öffentlichen Verkehrsmittel gut an größere Städte angebunden sind. Legen Sie bei Ihrer Suche die Priorität auf Immobilien, die nicht abgerissen werden müssen und bei denen die Sanierung der Altlasten der Kostenschwerpunkt ist.
- Sammeln Sie in einem Telefonat mit dem Verkäufer und aus einer Recherche der Gegend im Internet möglichst viele Informationen darüber, wie schwerwiegend die Altlasten vermutlich sind. Besichtigen Sie anschließend die Immobilien, die Ihnen für ein Investment am besten geeignet erscheinen. Nehmen Sie zur Besichtigung stets einen Bodengutachter und/oder weitere Experten mit und tauschen Sie sich vor Ort mit den Nachbarn über das mögliche Ausmaß der Bodenverunreinigungen aus.
- Investieren Sie in die Immobilien, deren Kaufpreis zzgl. der zu erwartenden Gebäude- und Bodensanierungskosten maximal die Hälfte des Verkehrswerts ver-

gleichbarer Immobilien beträgt, die in gutem Zustand und ohne Altlasten sind.

## Investition in denkmalgeschützte Immobilien

Wenn von einer Investition in denkmalgeschützte Immobilien die Rede ist, fällt das Hauptaugenmerk meist auf einen von zwei Aspekten: entweder auf die **einmalige Architektur** und Gestaltung der Gebäude oder auf die Einschränkungen und **Vorgaben der Denkmalbehörde**. Auch wenn auffällig viele Personen die Investition in denkmalgeschützte Immobilien (auch: Baudenkmäler) meiden, so zeichnet sich eine Trendumkehr ab und immer mehr Investoren und Vermieter ziehen diese Objekte in Betracht.

Der Charme und die Beliebtheit von Baudenkmälern ziehen immer mehr Mieter an – teilweise spielt aufgrund der unverwechselbaren Optik der Immobilien sogar deren Lage kaum eine Rolle. Führt man sich vor Augen, dass die **Vorgaben der Denkmalbehörde beim Immobilieninvestment nur selten einer hohen Rendite im Wege stehen**, so finden sich kaum triftige Argumente, die gegen ein Investment in Denkmalimmobilien sprechen.

### Chance: Trendige Objekte mit Steuervorteilen und hohen Mietrenditen

Ehe die Chancen bei einer Investition in denkmalgeschützte Immobilien anhand von Zahlen und Rechnungen erläutert werden, soll der „Charme“ zur Sprache kommen: Denkmalgeschützte Immobilien haben durch ihre traditionelle, altmodische und/oder detailverliebte Architektur einen **besonderen Charme, der unter Mietern und zunehmend auch unter Kapitalanlegern beliebt ist** (Stand: September 2022).

Es gibt derzeit keine Umfragen zur Popularität denkmalgeschützter Immobilien, doch Erfahrungen der Branche und Berichte auf verschiedenen Websites deuten darauf hin, dass die Investition in denkmalgeschützte Immobilien ein hohes Potenzial hat. Kapitalanleger und Vermieter, die bei der Renovierung und Sanierung kreativ vorgehen, können trotz der Auflagen der Denkmalschutzbehörden aus der Investition in Baudenkmäler eine bemerkenswerte Rendite ziehen. Denkmalgeschützte Hallen, die zu Lofts im Industrial Style oder zu lichtdurchfluteten Ateliers umgebaut werden, sind nur eine der **vielen Möglichkeiten, um unverwechselbaren Wohnraum zu schaffen** und mit der Denkmalimmobilie sogar höhere Renditen als mit einem Neubau zu erzielen.

Mit dem Stichwort „Rendite“ rücken die rechnerischen Aspekte der Investition in Baudenkmäler ins Blickfeld. Vor allem die **Steuervorteile** sind bei denkmalgeschützten Immobilien zu betrachten. Die Steuervorteile äußern sich in einem **gegenüber anderen Wohn- und Gewerbeimmobilien verkürzten Abschreibungszeitraum**: Anstelle von 50, 40 oder 33 ⅓ Jahren Abschreibungsdauer werden die Anschaffungskosten für Baudenkmäler über einen **Zeitraum von 12 Jahren** abgeschrieben. Zudem werden die Sanierungs- und Modernisierungskosten in den 12 Jahren ab Erwerb der Immobilie zu denselben Prozentsätzen wie die Anschaffungskosten der Immobilie abgeschrieben. Geregelt sind diese Steuervorteile in § 7h des EStG:

> „Bei einem im Inland gelegenen Gebäude in einem förmlich festgelegten Sanierungsgebiet oder städtebaulichen Entwicklungsbereich kann der Steuerpflichtige abweichend von § 7 Absatz 4 und 5 im Jahr der Herstellung und in den folgenden sieben Jahren jeweils bis zu 9 Prozent und in den folgenden vier Jahren jeweils bis zu 7 Prozent der Herstellungskosten für Modernisierungs- und Instandsetzungsmaßnahmen im Sinne des § 177

> des Baugesetzbuchs absetzen. […] Der Steuerpflichtige kann die erhöhten Absetzungen im Jahr des Abschlusses der Maßnahme und in den folgenden elf Jahren auch für Anschaffungskosten in Anspruch nehmen, die auf Maßnahmen im Sinne der Sätze 1 und 2 entfallen[.]“ (Bundesministerium der Justiz, 2022)

Die Tatsache, dass sowohl die Anschaffungskosten der Immobilie als auch die Kosten für deren Sanierung, Renovierung und Modernisierung über den verkürzten Zeitraum von 12 Jahren abgeschrieben werden können, ist deswegen wichtig, weil die Kosten für die Instandsetzung und Erneuerung der Immobilie meist das Drei- bis Fünffache des Kaufpreises der Immobilie betragen.

**Tipp:**

Die Investition in denkmalgeschützte Immobilien hat Ihre Neugier geweckt und Sie interessieren sich für die Kosten, die bei der Arbeit an einer sanierungsbedürftigen Immobilie anfallen? Dann lesen Sie definitiv das dritte Kapitel in diesem Ratgeber, denn dort wird auf das Konzept „Fix & Flip“ eingegangen, bei dem die Sanierung, Renovierung und Modernisierung von Immobilien ein zentraler Bestandteil ist. In dem Kapitel erhalten Sie nähere Informationen zur Durchführung und Kostenkalkulation für verschiedene Arbeiten an der Immobilie.

Aufgrund der steuerlichen Vorteile liegt die Rendite bei der Vermietung denkmalgeschützter Immobilien vor allem in den ersten 12 Jahren außerordentlich hoch. Die hohen Beträge, die Sie steuerlich absetzen können, ermöglichen **Nachsteuerrenditen von bis zu ca. 8 Prozent pro Jahr** (dasbaudenkmal.de, 2022). Das ist vor allem dann, wenn Sie die Immobilie finanzieren und einen zügig eintretenden **positi-**

**ven Cashflow durch die Mieteinnahmen** anstreben (siehe Kapitel 1), eine vorteilhafte Eigenschaft. Nach dem Ablauf der 12 Jahre dürften Sie die Mieten so weit gesteigert haben, dass trotz des Wegfalls der steuerlichen Vorteile eine hohe Rendite bestehen bleibt.

## Herausforderung: Einschränkungen und Einhaltung besonderer Vorgaben

Die Nachteile, mit denen Investoren bei denkmalgeschützten Immobilien vorliebnehmen müssen, bestehen in den Einschränkungen bei Renovierungen und Modernisierungen und bei der **Verpflichtung zur Einhaltung besonderer Vorgaben**. Welche Maßnahmen an einem Baudenkmal durchgeführt werden dürfen, wird in enger Absprache mit den Denkmalschutzbehörden besprochen; meist ist speziell die **Untere Denkmalbehörde** für Auflagen zu Baudenkmälern zuständig.

Streng und weitestgehend kompromisslos sind die Vorgaben zum Grundriss und zur äußeren Gestaltung des Gebäudes. Es ist beispielsweise davon auszugehen, dass Änderungen an dem Grundriss, für die beispielsweise einzelne Wände abgerissen werden müssen, nicht genehmigt werden. Zudem ist die Fassadengestaltung in nahezu allen Fällen unantastbar. Fassadenarbeiten dürfen oftmals nur unter der Nutzung bestimmter Farben und bei Einhaltung der ursprünglichen Optik durchgeführt werden. Des Weiteren können einzelne Elemente wie Türen, Treppen und Fensterrahmen in vollem Umfang vom Denkmalschutz betroffen sein, sofern diese eine charakteristische Architektur oder eine besondere Historie aufweisen. Die Gründe für Denkmalschutzvorgaben wie diese erklären sich wie folgt:

- **Grundriss**: Durch den Verzicht auf den Abriss von Wänden soll die Statik und Substanz des Gebäudes gesichert werden. Ferner haben in einigen Fällen

Wände, Säulen oder andere Gebäudeteile eine bedeutende Historie, sodass sie langfristig bestehen bleiben sollen.

- **Fassade**: Oft ist die Fassade eines der hervorstechenden Merkmale eines Baudenkmals. Anhand der Fassade lassen sich die besondere Architektur und die epochale Einordnung der Immobilie nachvollziehen.
- **Türen, Fensterrahmen, Treppen und ähnliche Elemente**: Handgearbeitete Türen oder Treppen mit Verzierungen, architektonisch bedeutende Kastenfenster und ähnliche Elemente, wozu beispielsweise ein Kamin gehören kann, machen den Charme eines Baudenkmals aus und tragen des Öfteren entscheidend zum architektonischen Stil der gesamten Immobilie bei.

Aus den genannten und weiteren Gründen sind Änderungen an den Immobilien nicht durchführbar oder müssen unter Einhaltung strenger Vorgaben der Unteren Denkmalbehörde vorgenommen werden. Hierfür sind **Genehmigungen bei der Behörde einzuholen**. Bei größeren Projekten zeigt sich die Untere Denkmalbehörde durchaus kompromissbereit, was Ihnen bei der Renovierung, Sanierung und/oder Modernisierung des Baudenkmals in die Karten spielt. Tatsächlich wurden bereits „ehemalige Industrieanlagen oder Remisen zu Wohnungen umgestaltet, auch Gasometer oder Wassertürme" (Oertel, 2017). Somit ist eine **Umwandlung von Baudenkmälern in Wohnimmobilien absolut im Rahmen des Realistischen**. Bei einigen Immobilien sind die Auflagen der Unteren Denkmalbehörde derart locker, dass sich sogar Änderungen am Grundriss problemlos durchführen lassen oder die Immobilie durch Anbauten erweitert werden darf.

Gestaltungen im Inneren von Baudenkmälern sind von den Vorgaben des Denkmalschutzes selten betroffen. Sollten Sie also einen Grundriss haben, der Ihren Vorstellungen halbwegs entspricht und beispielsweise die renditestarke Vermietung der Immobilie fördert (das ist meist bei Baudenkmälern, in denen sich mehrere Wohneinheiten vermieten lassen, der Fall), können Sie im Gebäudeinneren zahlreiche Anpassungen vornehmen und anschließend nach Mietern suchen – im Vergleich zu nicht denkmalgeschützten Immobilien gibt es kaum einen Unterschied bei dem Wechsel der Tapete, dem Verlegen des Bodens oder der Ausstattung der Küche.

Generell zeigt sich, dass die Vorgaben des Denkmalschutzes nur bestimmte Bereiche der Immobilie betreffen. Sie haben den Vorteil, **vor dem Kauf Ihren Plan zur Umgestaltung und zum Umbau der Immobilie bei der Denkmalbehörde vorlegen** und erste Absprachen treffen zu können. Falls Sie mit der Denkmalbehörde keine Übereinkunft erzielen, nehmen Sie Abstand vom Kauf der Immobilie und suchen ein anderes Investitionsobjekt.

Falls Sie eine Übereinkunft mit der Denkmalbehörde erzielen, steht einer Investition mit der Aussicht auf eine hohe Rendite und zahlreiche Steuervorteile nichts im Wege. Halten Sie sich an diese Vorgehensweise und sprechen Sie auch während der Sanierungs-, Renovierungs-, Modernisierungs- und Umbauarbeiten alle Schritte mit der Denkmalbehörde ab. Dann werden die Herausforderungen bei dem von Ihnen gewählten Investitionsobjekt kaum wiegen und die Investition in denkmalgeschützte Immobilien wird sich lohnen.

### Beispiel: Historisches Bergcafé in Bad Schandau

*In Bad Schandau im Nationalpark „Sächsische Schweiz", gelegen im Bundesland Sachsen, gibt es das ehemalige Bergcafé. Die Lage des Cafés würden die meisten Menschen als traumhaft bezeichnen, denn es befindet sich ca. 20 Meter entfernt von einer Aussichtsplattform, die bei Touristen beliebt ist. Da die Aussichtsplattform viele Touristen anzieht, waren vor allem in der Sommersaison hohe Einnahmen des Cafés garantiert. Auch die Einheimischen statteten dem Café gern einen Besuch ab. Ans Café angeschlossen war eine denkmalgeschützte Holzvilla, die nicht genutzt wurde, aber als Unterkunft für Übernachtungen hätte dienen können. Das alles galt früher. Mittlerweile ist das Café geschlossen.*

*Es musste geschlossen werden, weil die denkmalgeschützte Holzvilla in einem maroden Zustand war und die Substanz des Cafés schädigte. So wurde die gesamte Immobilie zunehmend zu einem Sanierungsfall und ein gastronomischer Betrieb war nicht mehr möglich. Wie man es so weit kommen lassen konnte? Unklar. Eine zentrale Rolle spielten wohl die Denkmalschutzvorgaben des Staates, die einer Sanierung und Renovierung der Immobilie, wie sie der Eigentümer gern durchgeführt hätte, im Wege standen. Nun (Stand: September 2022), da die Behörden sowohl dem Abriss des Cafés als auch dem Abriss der Holzvilla zugestimmt haben, plant der Immobilieneigentümer die Errichtung eines neuen Gebäudekomplexes als Pflegeheim. Er sucht nach Käufern für das Grundstück und für sein Projekt (Tydecks, 2021).*

Dieses Beispiel ist kein Positivbeispiel für die erfolgreiche Investition in denkmalgeschützte Immobilien. Es veranschaulicht dafür umso besser die Probleme, die Unternehmer und Investoren mit Baudenkmälern haben: Sie möchten sich nicht nach den Vorgaben der Denkmalschutzbehörden richten oder empfinden diese Vorgaben als lästig. Daher verzichten sie auf die Investition in zahlreiche Objekte, die ein hohes Renditepotenzial haben.

Dass der gastronomische Betrieb im historischen Bergcafé problemlos weitergelaufen wäre, war angesichts des hohen Touristenaufkommens im Sommer, aber auch im Winter, so gut wie sicher. Das Einnahmenplus durch den Betrieb des Bergcafés und die Lage direkt an der Touristenattraktion „Skywalk" mit Blick auf die Berge und Wälder der Sächsischen Schweiz hätten eine hohe Rendite bei dieser Investition garantiert.

Anstatt sich auf die Vorgaben der Denkmalschutzbehörde einzulassen, wurde ein vielversprechendes Geschäft – im wahrsten Sinne des Wortes – zugrunde gerichtet. Da auch die Behörden keine Initiative ergriffen, kann man sagen, dass die Behörden und der Immobilieneigentümer ein bemerkenswertes historisches Gebäude aus dem frühen 20. Jahrhundert gemeinsam ruinierten. Ein Abriss war aufgrund des Hausschwamms, der sich von oben bis unten durch das Gebäude gefressen hatte, alternativlos geworden.

> ***Hinweis:***
>
> Obwohl es nichts mit der Investition in eine denkmalgeschützte Immobilie zu tun hat, sei an dieser Stelle auf das aktuelle Projekt des Eigentümers hingewiesen: Das geplante Pflegeheim erhält angesichts der traumhaften und – trotz des Skywalks und der Touristen – verhältnismäßig ruhigen Lage grundsätzlich gute Renditeprognosen. Informieren Sie sich über das Projekt im Internet weiter und nutzen Sie, falls Sie sich für eine Investition in Pflegeheime interessieren, die Chance, sich das Konzept des Grundstückseigentümers näher anzusehen. Eventuell wird sich das Projekt für Sie als gute Geldanlage erweisen.

## Abschließende Tipps zur Investition in denkmalgeschützte Immobilien

- Wählen Sie die Immobilie möglichst gemäß der allgemeinen Lagekriterien für Immobilien. Sollte sich die Chance auftun, in einer leicht ungünstigen Lage (z. B. nicht direkt im Zentrum einer C-City und öffentliche Verkehrsmittel sind 20 Minuten zu Fuß entfernt) ein Objekt mit geringem Sanierungs- und Renovierungsbedarf zu einem Preis deutlich unter dem Verkehrswert zu kaufen, dürfte sich diese Investition lohnen. Baudenkmäler lassen sich oft auch in wenig vorteilhaften Lagen gut vermarkten.

- Sprechen Sie vor dem Immobilienkauf mit der Unteren Denkmalbehörde darüber, inwiefern sich Änderungen im Inneren und am Äußeren der Immobilie vornehmen lassen. Holen Sie von der Unteren Denkmalbehörde eine schriftliche Bestätigung für Ihr Änderungskonzept ein, ehe Sie in die Immobilie investieren.
- Nehmen Sie die geplanten Änderungen an der Immobilie immer in enger Absprache mit der Unteren Denkmalbehörde vor und lassen Sie jede Änderung schriftlich absegnen. Nutzen Sie zudem die steuerlichen Vorteile in vollem Umfang aus. Sowohl bei der Vermietung eines finanzierten Baudenkmals als auch beim An- und Verkauf eines Baudenkmals steigern die steuerlichen Vorteile die Rendite deutlich. Ferner gibt es Förderungen der Kreditanstalt für Wiederaufbau (KfW), die eine Investition in denkmalgeschützte Immobilien erleichtern.

# #3 Fix & Flip

„Fix & Flip“ bedeutet sinngemäß übersetzt „Reparieren & Weiterverkaufen“. Es ist eine Investmentstrategie für Personen, die mit Immobilien handeln möchten. Dabei werden gezielt **sanierungsbedürftige Immobilien** ausgewählt, die dann generalüberholt, ggfs. modernisiert und nach der Sanierung wiederverkauft werden. Immobilienhändler im Fix-&-Flip-Konzept treten mit dem regelmäßigen An- und Verkauf der Immobilien unter Umständen eine **gewerbliche Tätigkeit** an und müssen hierfür ein Einzelgewerbe anmelden.

Der An- und Verkauf von Immobilien und die Durchführung von Arbeiten an der Immobilie führen dazu, dass sich diese Investmentstrategie durch ein **hohes Aktivitätslevel für Sie als Investor** auszeichnet. Unter einem hohen Aktivitätslevel ist zu verstehen, dass im Gegensatz zur Vermietung (siehe Kapitel 1) oder zur langfristigen Geldanlage in Immobilien mit Wohnrecht (siehe Kapitel 2) die Immobilien nicht längere Zeit in Ihrem Besitz verbleiben. Stattdessen wird nach einem Weg gesucht, die sanierungsbedürftigen Immobilien schnell in einen ansprechenden und funktionsfähigen Zustand zu versetzen, was die Suche nach Dienstleistern für Arbeiten an der Immobilie und die Koordination mehrerer Gewerke bei den Arbeiten erfordert. Daraufhin folgt die Vermarktung der Immobilie, die ebenfalls einen gewissen Aufwand bereitet.

Wer das Fix-&-Flip-Konzept gut umsetzt, hat die Chance auf höhere Einnahmen als bei anderen in diesem Buch vorgestellten Techniken und Konzepten. Je nachdem, wie viele Immobilien saniert und wie geschickt diese vermarktet werden, sind fünf- bis sechsstellige jährliche Einkünfte aus dem „Flipping" die Norm. Mit zunehmender Erfahrung und wachsendem Kapital werden Sie das Konzept immer besser umsetzen können. Damit Sie einen guten Überblick über die grundlegenden Prinzipien des Fix-&-Flip-Konzepts erlangen und die Investitionsobjekte richtig auswählen, werden Ihnen im Folgenden die grundlegenden Informationen vermittelt.

## Die Technik: Auswahl und Besichtigung. Mängelerfassung und Einholung von Angeboten bei Gewerken.

In Fachkreisen kursiert seit geraumer Zeit ein Spruch: „In A-Städten wird nur in Grundstücke investiert. Die Immobilien werden abgerissen." Dieser Spruch zeigt eindeutig, wie wenig das Flipping in Big Citys wie Berlin, Hamburg, München & Co. umsetzbar ist. Auch wenn der Spruch überspitzt ist, trifft er für einen Sachverhalt den Nagel auf den Kopf: In **A-Städten** haben die Grundstücke einen derart hohen Wert, dass sich der **Kauf und die Sanierung maroder Immobilien für einen Wiederverkauf nicht lohnen**. Des Weiteren ist für den Kauf eines Grundstücks meist ein hohes sechsstelliges, wenn nicht gar siebenstelliges Kapital erforderlich.

Geht man von den A-Citys in die nächstniedrigere Immobilienklasse und betrachtet **B-Citys** wie Hannover, Bremen und Wolfsburg, so zeigt sich, dass in **abgelegenen und weniger zentralen Stadtteilen** hin und wieder Immobilien zu finden sind, die als Investitionsobjekte für „Fix & Flip" infrage kommen. Nimmt man Bremen als Beispiel, so haben die Grundstücke und Gebäude in den Stadtbezirken Nord, Ost und Süd Verkehrswerte, die auf einem geringen sechsstelligen Niveau liegen. Eine sanierungsbedürftige Immobilie, die sich zu einem möglichst geringen fünfstelligen Betrag ankaufen und zu einem noch geringeren fünfstelligen Betrag in einen guten Zustand versetzen lässt, dürfte in diesen Stadtteilen eine angemessene Rendite abwerfen. Diese Prognose ist jedoch auf dem Stand vom September 2022 und kann sich künftig ändern. Zudem hängt die zu erwartende Rendite von den **Lagekriterien der Immobilie und der genaueren Popularität des Stadtteils** ab. So ist beispielsweise im Bremer Stadtbezirk Nord der Stadtteil Burglesum unter Anlegern und Mietern beliebter als der Stadtteil Blumenthal.

Das Beispiel der Stadtteile in Bremen inklusive der ungefähren Kosten, bei denen sich eine Investition in eine sanierungsbedürftige Immobilie lohnt, veranschaulicht, wie die Objekte ausgewählt werden sollten. Ein zentrales Auswahlkriterium ist, dass die **Kosten für den Kauf der Immobilie und die Kosten für die Arbeiten an der Immobilie den aktuellen Verkehrswert vergleichbarer Immobilien in gutem Zustand unterschreiten**. Wenn etwa der Kauf und die Sanierung sowie Modernisierung einer Immobilie lediglich 60–80 Prozent des Verkehrswerts vergleichbarer Immobilien kosten, ist das Investitionsobjekt vielversprechend. Das gilt zumindest für die Investition in B-Citys.

Anders verhält es sich bei **C-Citys**: Hier sollten die **Kosten für den Kauf und die Arbeiten an der Immobilie den Verkehrswert der Vergleichsimmobilien in gutem Zustand noch deutlicher unterschreiten**, denn es muss einkalkuliert werden, dass sich der Verkauf einer Immobilie in einer C-Stadt länger hinziehen kann.

*Hinweis:*

Nicht berücksichtigt sind in dieser Berechnung die Kosten für die Vermarktung der Immobilie. Die Vermarktung dient dazu, einen Käufer zu finden. Üblicherweise liegen die Vermarktungskosten bei einer Zusammenarbeit mit einem Immobilienmakler bei einem Anteil von 3,57 Prozent des Verkaufspreises für Sie als Verkäufer und 3,57 Prozent des Verkaufspreises für den Käufer. Somit haben diese Kosten einen vernachlässigbar geringen Anteil an den Gesamtkosten im Fix-&-Flip-Konzept und können außen vor gelassen werden.

Sofern sich keine Möglichkeit zur Investition in B-Citys bietet, suchen Sie nach Investitionsobjekten in C-Citys und im Umland von Großstädten. Ein Grundsatz auf der Suche nach Immobilien für die Flix-&-Flip-Strategie ist, dass Wohnimmobilien gesucht werden. Da der **Erfolg der Strategie von einem schnellen Weiterverkauf der sanierten Immobilien abhängt**, eignen sich Gewerbeimmobilien nicht fürs Flipping, denn deren Verkauf zieht sich des Öfteren über einen deutlich längeren Zeitraum als bei Wohnimmobilien hin (TAURIBA, 2022).

Bei der Wahl der Immobilie spielt neben dem Standort und der Lage der Immobilie der Zustand eine große Rolle. Das ist zwar generell bei Immobilien der Fall, allerdings ist bei einer sanierungsbedürftigen Immobilie gewiss, dass mehrere Mängel vorliegen werden. Aus diesem Grund sind die **Mängel genau zu analysieren und die Kosten für deren Behebung zu kalkulieren**. So lässt sich eine realistische Einschätzung des Renditepotenzials bei sanierungsbedürftigen Immobilien vornehmen. Einen ersten Aufschluss über die Anforderungen bei der Sanierung liefert die Baualtersklasse der Immobilie.

## Baualtersklasse und spezifische Schlussfolgerungen

**Wann wurde das Gebäude gebaut? Falls zwischendurch Sanierungen durchgeführt wurden: Wann geschah das?** Diese zwei Fragen sind absolut wichtig, weil sie Aufschluss über die möglichen verwendeten Baumaterialien liefern. Gebäude, die vor dem Zweiten Weltkrieg – ob zwei Jahrzehnte oder ein Jahrhundert davor – erbaut wurden, bestehen meist aus soliden Materialien. Wenn die Sanierung dieser Gebäude überdies in den späten 70er-Jahren oder später stattfand, dürfen Sie davon ausgehen, dass die Gebäude eine gute Bausubstanz haben und keine schädlichen Baustoffe enthalten.

**Vorsicht ist eindeutig bei Immobilien aus der Nachkriegszeit bis in die frühen 70er-Jahre geboten!** Falls Gebäude in diesem Zeitraum erbaut oder saniert wurden, ist denkbar, dass Schutt und Trümmer oder schädliche Stoffe wie **Asbest** genutzt wurden. Gebundenes Asbest ist zwar nicht gesundheitsschädigend, doch sobald Asbest durch ein Loch in der Wand oder eine andere Schwachstelle austritt, muss es entsorgt werden. Die Kosten sind von der Menge des Asbests abhängig, aber pro $m^2$ verzeichnet Asbest einen der höchsten Entsorgungspreise. Stand September 2022 fallen allein für die Entsorgung von Asbest ca. 40 Euro pro $m^2$ an. Die Anfahrt und die Einrichtung der Baustelle durch ein Fachunternehmen kosten oft vierstellige Summen und kommen noch hinzu.

Für Gebäude, die zwischen dem Zweiten Weltkrieg und den späten 70er-Jahren erbaut oder saniert wurden, gilt die eindeutige Empfehlung: Achten Sie besonders auf die **Wände und den Bereich des Daches**. Wenn Sie hier Schäden oder Mängel feststellen, die eine Sanierung erforderlich machen, sollten Sie auf eine Investition in dieses Objekt verzichten oder die Mängel von einem professionellen Baugutachter besichtigen lassen. Werden von dem Gutachter Asbest oder minderwertige Baustoffe in den Wänden und im Dach festgestellt, so kalkulieren Sie mit den höchstmöglichen Sanierungskosten und verhandeln Sie einen deutlich reduzierten Kaufpreis der Immobilie. Ist Ihnen der Aufwand zu groß, dann verzichten Sie von vornherein auf ein Investment in Gebäude, die zwischen dem Zweiten Weltkrieg und den späten 70er-Jahren erbaut oder saniert wurden.

**Tipp:**

Wenn für eine Immobilie eine Baubeschreibung vorliegt, haben Sie maximale Sicherheit bei der Bewertung der verwendeten Baumaterialien. In einer Baubeschreibung sind nämlich zahlreiche Informationen zu den Gegebenheiten beim Bau bzw. bei der Sanierung der Immobilie aufgeführt. Dies betrifft insbesondere die Angabe der örtlichen Gegebenheiten und der verwendeten Materialien. Zudem werden in guten Baubeschreibungen die Marken und Modelle der verwendeten Armaturen, Fenstergriffe und sonstigen Komponenten aufgeführt (realbest.de, 2022). Leider ist für die wenigsten Immobilien eine Baubeschreibung vorhanden, sodass Sie die Immobilie meist ohne diese Informationen bewerten müssen.

Abgesehen von der Verwendung schädlicher Baustoffe oder minderwertiger Materialien ist die Baualtersklasse des Gebäudes mit Blick auf die **Energieeffizienz** relevant. Es wurde für die meisten Immobilien eine Energieausweispflicht eingeführt; lediglich denkmalgeschützte Immobilien sind von der Pflicht, einen Energieausweis vorzuweisen, befreit. Die Ausweispflicht ist für Sie ein Vorteil, denn anhand des Energieausweises können Sie einschätzen, wie gut die Dämmung eines Gebäudes ist. Oft leitet sich die Qualität der Dämmung aus den verwendeten Baumaterialien ab: Wenn ein Gebäude aus den 60er-Jahren beispielsweise die ungewöhnlich gute Energieeffizienzklasse D aufweist, kann davon ausgegangen werden, dass es trotz seines Alters hochwertige Baumaterialien beinhaltet. Demnach sind die **Baualtersklasse zusammen mit dem Energieausweis einer Immobilie** eine gute Hilfe, um die **Qualität sowie den Sanierungs- und Modernisierungsbedarf einer Immobilie einschätzen zu können**.

Während bei Neubauten die Energieeffizienzklasse A bis D üblich ist und bei einem zeitgemäßen Neubau mindestens Klasse C vorliegen sollte, sind bei Altbauten geringere Erwartungen anzusetzen. Angesichts der Tatsache, dass **nicht sanierte und nicht modernisierte Altbauten** für gewöhnlich in den Energieeffizienzklassen G oder H liegen, ist bereits die **Energieeffizienzklasse F verhältnismäßig positiv**. Wie Nadine Kümpel (2021) bezüglich der Energieeffizienzklasse bei Altbauten schreibt, „muss eine schlechte Energieeffizienz des Gebäudes nicht vom Hauskauf abschrecken. Sie müssen hier jedoch mit deutlich höheren Heizkosten kalkulieren als in einem Neubau und sollten Rücksprache halten, inwieweit die Energieeffizienz des Gebäudes durch bauliche Maßnahmen oder einen Heizungstausch noch verbessert werden könnte."

Glücklicherweise wird die **energetische Modernisierung** von Immobilien, auch wenn Sie Händler und kein Privatnutzer der Immobilie sind, **staatlich gefördert**. Für Energieeffizienzmaßnahmen gelten im Vergleich zu anderen Maßnahmen sogar außerordentlich hohe Fördersätze. Nähere Informationen zu den Förderungen würden den Rahmen dieses Ratgebers sprengen. Auf der Website der **Kreditanstalt für Wiederaufbau** unter dem Link *www.kfw.de/kfw.de.html* können Sie sich über sämtliche Förderprogramme informieren.

Über die Programme des **Bundesamts für Wirtschaft und Ausfuhrkontrolle (BAFA)** sind ebenfalls Förderungen erhältlich. Unter der Bundesförderung für effiziente Gebäude (BEG) laufen mehrere Förderprogramme zur Steigerung der Energieeffizienz von Immobilien. Unter dem Link *www.bafa.de/DE/Energie/Effiziente_Gebaeude/effiziente_gebaeude_node.html* erfahren Sie Näheres. Hervorgehoben werden soll an dieser Stelle, dass die Dienstleistung eines Energieeffizenzexperten (EEE) staatlich mit bis zu 50 Prozent Kostenübernahme gefördert wird. Ein solcher Experte kann Ihnen erklären, welche Maßnahmen zur Effizienzsteigerung in Altbauten beitragen und wie viel diese Maßnahmen ungefähr kosten werden.

## Wichtige Mängel und deren Behebung

Sanierungsbedürftige Immobilien, die gegenüber vergleichbaren Immobilien in gutem Zustand im Kaufpreis deutlich reduziert sind, aber deren Substanz optimal ist, sind die bevorzugte Wahl für die Flix-&-Flip-Strategie. Solche Immobilien finden Sie, indem Sie das **Gebäude von unten bis oben wie folgt auf Mängel prüfen**.

I. **Außenansicht**: Die Fassade sollte keine großen und tiefen Risse aufweisen. Bröckelnder Putz stellt hingegen kein Problem dar. Wenn die Außenwand solide, trocken und ohne tiefe Risse ist, können Sie die Fassade zu verhältnismäßig geringen Kosten renovieren.
II. **Eingangsbereich**: Treten Sie durch die Eingangstür. Sollte diese Tür in keinem einwandfreien Zustand sein, ist es nicht weiter dramatisch. Hochqualitative Eingangstüren erhalten Sie schon zu knapp unter 1.000 Euro. Bei einer Installation der neuen Tür durch einen Fachbetrieb dürften die Kosten bei maximal 1.500 Euro liegen. Austauschen sollten Sie die Eingangstür auch dann, wenn diese an den Seiten nicht mehr dicht ist, denn undichte Stellen sorgen für Wärmeverluste im Gebäude.
III. **Keller**: Zum Keller hinunter führt Sie eine Treppe, die idealerweise in einem einwandfreien Zustand und sicher ist. Den Keller prüfen Sie auf Trocken-

heit und den allgemeinen Zustand (Hebisch, 2018). Weder unten am Boden noch an den Wänden oder an der Decke sollten feuchte Stellen zu sehen sein. Feuchte Stellen können darauf hindeuten, dass ein Hausschwamm beginnt, sich durch die gesamte Immobilie nach oben „zu fressen“. Sollte der Keller aufgrund schmutziger Wände und kleiner Löcher in den Wänden optisch nicht ansprechend sein, ist das ein geringes Defizit, das nicht zwingend behoben werden muss. Größere substanzielle Schäden, die sich durch große und tiefe Krater oder Risse in den Wänden zeigen, müssen zwingend behoben werden.

IV. **Flur und Innenräume**: Es gilt für den Flur und die Räume gleichermaßen, dass die Wände trocken und reichlich Heiz- sowie Belüftungsmöglichkeiten gegeben sein sollten. Durch Heiz- und Belüftungsmöglichkeiten liegen gute Bedingungen für die Schimmelprävention und für ein angenehmes Wohnklima vor. Klopfen Sie gegen die Wände und tasten Sie sie ab: Fällt Ihnen etwas Ungewöhnliches (z. B. unebene Stellen unter der Tapete, Feuchtigkeit, hohler Klang) auf? Dann untersuchen Sie die Stelle näher (Hebisch, 2018). Besonders positiv sind Wände, die nicht mit Tapeten, sondern Kalkstein-, Baumwoll- oder anderen Putzen bestrichen sind. Für den Boden im Flur und in den Innenräumen gilt, dass Holz- und Fliesenböden optimal sind. Echtholzböden sind langlebiger als Parkett und können mehrfach geschliffen werden. Blicken Sie, wenn möglich, unter den Dielenboden und stellen Sie sicher, dass am Übergang von der Wand zum Boden keine Feuchtigkeit durchkommt. Dielenböden können von unten Wasser aufnehmen, sodass der Schaden erst bemerkt wird, wenn er bereits fortgeschritten ist und die Holzdielen gammeln.

V. **Dach**: Ein gutes Dach hat keine Löcher und ist gedämmt (Hebisch, 2018). Auf mehr ist im Prinzip nicht zu achten. Bedenken Sie den Unterschied zwischen sogenannten Kälte- und Wärmedächern: Kältedächer müssen nicht gedämmt sein. Bei diesen Dächern befindet sich die Dämmung an der Decke der obersten Etage, während der Dachboden ein ungedämmter Raum ist. Kältedächer müssen gut durchlüftet werden – sogar im Winter! Wärmedächer hingegen werden gedämmt und sparsam belüftet. Der Vorteil dieser Dächer ist die direkt im Dach integrierte Dämmung, die es leichter macht, den Dachboden in Wohnraum umzuwandeln. Die Umwandlung des Dachbodens in Wohnraum ist eine Maßnahme, die den Immobilienwert steigert.

Alle sanierungsbedürftigen Immobilien, die in diesen Punkten **deutliche Defizite** (z. B. Löcher im Dach, Fassadenabbrüche, starke Schimmelbildungen auf mehreren Etagen, hohle Wände) aufweisen, müssen aufgrund des hohen Sanierungsaufwands gegenüber vergleichbaren Immobilien in gutem Zustand einen **deutlich reduzierten Kaufpreis** haben. Andernfalls lohnt sich eine Investition in diese Immobilien nicht.

Falls die sanierungsbedürftige Immobilie einen stark verringerten Kaufpreis hat und in den genannten Prüfaspekten gut abschneidet, ist eine Investition absolut vielversprechend. Es ist in diesem Fall davon auszugehen, dass ein Verkaufspreis erzielt werden kann, der die Kosten für den Kauf, die Sanierung und die Vermarktung der Immobilie deutlich übersteigt.

Einen weiteren Ratschlag für die Auswahl von Immobilien fürs Fix-&-Flip-Konzept liefert Michael Spencer in seinem Ratgeber *The Guide to Fix and Flip real estate* (2019). Er folge der Regel, dass er bei der ersten Besichtigung speziell auf größere Mängel achtet. Wenn er auf Anhieb mehr als drei große Mängel entdecke, die eine große Sanierung oder Renovierung notwendig machen, so verzichte er auf die Investition in das Projekt. Als Beispiele für große Sanierungen nennt er den Austausch des kompletten Dachs oder des kompletten elektrischen Systems. Solche Projekte verschlängen seiner Ansicht nach viel Geld und hätten eine geringe Profitmarge (Spencer, 2019).

Abgesehen von den geschilderten Mängeln kann es weitere Defizite geben. Die meisten der Defizite sind relativ oberflächlich oder müssen nicht zwingend ausgebessert werden. Aufwändig sind unter den verbleibenden Mängeln lediglich der Austausch der Elektrik und die Erneuerung der Sanitärinstallationen sowie des Heizungssystems. Falls beides funktionstüchtig ist, muss keine Erneuerung erfolgen, doch **zur Modernisierung der Immobilie oder zur Optimierung der Energieeffizienz können Maßnahmen an der Elektrik bzw. dem Heizungssystem sinnvoll sein**. Voraussetzung für die Sinnhaftigkeit dieser Maßnahmen ist, dass sie den möglichen Verkaufspreis der Immobilie in einer Größenordnung steigern, die die Kosten und den Aufwand für die Durchführung der Maßnahmen rechtfertigt. Der Austausch des Heizungssystems kostet in der Regel mindestens 10.000 Euro (Stand: September 2022). Weniger kostenintensiv sind der Austausch und das Neuverlegen elektrischer Leitungen sowie neue Sanitärinstallationen. Eine hohe Verfügbarkeit an Steckdosen und elektrischen Anschlüssen ist zeitgemäß und sollte bei einer Modernisierung der Immobilie vollzogen werden.

Wenn möglich, **machen Sie bei Ihrer Besichtigung Bilder von der Immobilie**. Gehen Sie anschließend zu den Fachbetrieben, deren Dienstleistungen Sie für die jeweilige Immobilie benötigen, und holen Sie sich, noch bevor Sie die Immobilie kaufen, Angebote zur Sanierung ein. So können Sie die Kosten für die Arbeit an der Immobilie zuverlässig kalkulieren und die zu erwartende Rendite genauer schätzen. Folgende Dienstleister können bei Sanierungen, Renovierungen, Modernisierungen und weiteren Arbeiten an der Immobilie gebraucht werden:

- Architekten (z. B. für Grundrissänderungen, Anbauten an der Immobilie)
- Statiker (z. B. für den Abriss von Wänden mit 17 cm Dicke oder mehr, die tragend sind)
- Maler
- Elektriker
- Hydrauliker
- Sanitärbetriebe
- Energieeffizienzexperten
- Fachbetriebe für Entsorgung von Altlasten (z. B. Asbest)
- Bodenleger
- Montageunternehmen (z. B. Türen, Fenster)
- Tischler (z. B. Schleifen und Restaurieren von Treppen)
- Entrümpelungsunternehmen
- Gärtner
- Innenausstatter

**Tipp:**

Der Wert einer Immobilie lässt sich nicht nur durch Arbeiten am Gebäude ändern. Die letzten zwei Stichpunkte aus der Aufzählung verdeutlichen, dass das **Erscheinungsbild des Gartens** und die **Ausstattung der Innenräume** bei der Herrichtung einer Immobilie ebenfalls eine Rolle spielen. Die Ausstattung einer Immobilie mit Möbeln steigert deren Wert; für die Konzeption und Umsetzung der Innenausstattung – also Ihre Arbeit und den damit verbundenen Zeitaufwand – können Sie auf den eigentlichen Immobilienpreis mehrere tausend Euro draufrechnen. Das sogenannte **„Home Staging“**, womit die Inszenierung der Immobilie zur besseren und teureren Vermarktung gemeint ist, macht sich vor allem dann bezahlt, wenn Sie die Immobilie nicht an Vermieter, sondern an Privatnutzer verkaufen.

## Tipps zur Durchführung der Sanierung und Spielräume für Ersparnisse

Je umfassender die Sanierungsarbeiten sind, umso mehr Gewerke arbeiten an einer Baustelle. Dann ist es für Sie schwer, einen Überblick über die anfallenden Arbeiten zu behalten. Ein guter Überblick ist jedoch notwendig, damit sich die Gewerke nicht gegenseitig bei der Arbeit im Wege stehen. Beispielsweise macht es Sinn, **als eine der ersten Maßnahmen die neue Elektrik zu installieren**, damit die darauffolgenden Gewerke den ggfs. für Ihre Arbeitsgeräte erforderlichen Strom beziehen können.

Die Koordination mehrerer Gewerke ist nicht anspruchsvoll, wenn Sie sich bei der Sanierung Zeit lassen. Dann nämlich können Sie einfach warten, bis der Elektriker mit seiner Arbeit fertig ist. Erst danach kontaktieren Sie den nächsten Dienstleister. Das Problem hierbei sind die langen Wartezeiten zwischen der Arbeit der Gewerke. Falls es viele Gewerke zu koordinieren gibt, beauftragen Sie für die Sanierung Ihrer ersten Immobilien am besten einen **Architekten**. **Schauen Sie sich ab, wie der Architekt seine Arbeit macht**. Bei den Folgeimmobilien übernehmen Sie Schritt für Schritt mehr koordinative Aufgaben. Mit jeder weiteren Immobilie finden Sie außerdem heraus, mit welchen Firmen Sie gut zusammenarbeiten können, und erhalten möglicherweise Sonderkonditionen. Investoren, die hauptsächlich im Umkreis von 100 km ihrer Heimatstadt investieren, arbeiten oft mit denselben festen Partnern, sodass sie Rabatte erhalten und unterdurchschnittliche Preise für die Sanierungsarbeiten zahlen.

***Hinweis:***

Wenn Sie am Anfang Ihrer Tätigkeit als Fix-&-Flip-Unternehmer stehen und erstmals nach Dienstleistern oder Fachbetrieben suchen, sollten Sie mehrere Unternehmen vergleichen und nach Möglichkeit nicht den günstigsten, sondern den besten Dienstleister wählen. Hierzu gibt Lenor Devon Sherman in seinem Werk *Introduction To Project Management For Your Fix And Flip* (2019) u. a. folgende Tipps:

- Fragen Sie jeden Betrieb nach Referenzen.
- Besuchen Sie, falls möglich, eine der aktuellen Baustellen des Fachbetriebs und verschaffen Sie sich vor Ort einen Eindruck von der Qualität der Arbeit.
- Stellen Sie die Zahlungsbedingungen und Ihre Erwartungen für die Arbeit an Ihrer Immobilie klar.
- Vergewissern Sie sich, dass der Dienstleister lizensiert und versichert ist; anstelle der Lizensierung reicht in den meisten Branchen ein Nachweis der fachlichen Eignung (z. B. vollendete Ausbildung) aus.

(Sherman, 2019)

Ein weiterer Tipp für die zügige Durchführung der Sanierung ist, dass Sie **bestimmte Komponenten vorbestellen**. Wenn Sie Ihre Immobilie mit einer maßgeschneiderten **Einbauküche** ausstatten wollen, dann sind Wartezeiten von über 2 Monaten Dauer zu erwarten. Bei der Bestellung von **Fenstern und Türen** ist mit ähnlich langen Wartezeiten zu rechnen. Tätigen Sie Vorbestellungen rechtzeitig. Falls Grundrissänderungen anstehen, müssen die Lieferanten die Immobilie nicht besichtigen. Schicken Sie einfach den Entwurf zur Grundrissänderung an die Lieferanten, sodass die Fenster, Türen und Einbauküchen in Anpassung an den neuen Grundriss der Immobilie angefertigt werden.

Zuletzt ein Tipp zu den **Abrissarbeiten**: Obwohl sie einfach erscheinen, bereiten destruktive Arbeiten in der Durchführung einen erheblichen Aufwand. So kann beispielsweise der Abriss der Tapete einen Anteil von 20 Prozent an den Malerarbeiten haben. Hinzu kommt, dass sich die Dauer und somit die Kosten dieser Abrissarbeiten nicht immer zuverlässig einschätzen lassen, weil z. B. der Tapetenrücken nach dem Abriss der Tapete an einigen Wänden mühsam entfernt werden muss. In diesem Fall kann der Abriss doppelt bis dreifach so lange dauern wie ursprünglich geplant. Wenn Sie Kosten sparen möchten und bereit sind, Ihre eigene Zeit zu opfern, ist es eine Option, destruktive Arbeiten wie den Abriss von Tapeten, Teppichen, Parkettböden und Ähnlichem selbst zu übernehmen. Beachten Sie dabei, dass nur die Entfernung von Materialien erlaubt ist, die keine Schad- und Gefahrenstoffe sind. Asbest beispielsweise dürfen Sie nicht selbst entfernen!

Obwohl die Idee hinter dem Fix-&-Flip-Konzept darauf beruht, Immobilien binnen weniger Monate anzukaufen, herzurichten und wiederzuverkaufen, können Sie auch längere Zeit an einer Immobilie arbeiten. Nun wird auf die Einleitung des Ratgebers Bezug genommen: Sollten Sie nur ein mittelhohes fünfstelliges Eigenkapital haben und keinen Immobilienkredit erhalten, können Sie eine im Preis reduzierte und sanierungsbedürftige Immobilie kaufen und **über die Jahre langsam sanieren, renovieren und modernisieren**. Anfangs könnten Sie sich um das Dach und die Wände kümmern, ein Jahr später die neue Elektroinstallation durchführen lassen und so weiter. Zwar dehnt sich in diesem Fall der Zeitraum zwischen An- und Verkauf über mehrere Jahre, aber dafür ist es Ihnen möglich, ein ansonsten für Sie nicht finanzierbares Konzept umzusetzen.

**Durch die längere Dauer der Sanierung erzielen Sie unter Umständen noch höhere Margen beim Wiederverkauf der Immobilie**, weil in der Zwischenzeit die Quadratmeter- und Grundstückspreise in Ihrer Umgebung steigen. Von dem allgemeinen Preisanstieg bei Immobilien profitieren Sie ansonsten bei der Fix-&-Flip-Strategie nicht, da diese auf einen An- und Verkauf der Immobilie binnen weniger Monate ausgelegt ist.

## Der Wiederverkauf

Obwohl der Wiederverkauf in diesem Ratgeber chronologisch nach den Hinweisen zur Immobilienauswahl und Sanierung erklärt wird, sollten Sie Aspekte des Wiederverkaufs schon vor der Investition in ein Objekt berücksichtigen. Hierzu gehört vor allem die **Frage, zu welchem Preis sich die sanierte, renovierte und/oder modernisierte Immobilie verkaufen lassen wird**.

- Der Wiederverkaufspreis der Immobilie muss so hoch sein, dass er den Ankaufspreis der Immobilie, die Kaufnebenkosten, die Sanierungskosten, Versicherungskosten, laufende Kosten sowie ggfs. weitere Kostenfaktoren abdeckt.
- Außerdem muss nach Abzug der genannten Kosten ein Gewinn übrig bleiben.
- Dieser Gewinn sollte idealerweise so hoch sein, dass sich das Investment unter Berücksichtigung des Aufwands gelohnt hat und das Eigenkapital um 10 bis 20 Prozent gestiegen ist.

*Erkenntnis:*

Wenn Sie mit Immobilien handeln, müssen Sie für den Zeitraum, in dem die Immobilie in Ihrem Besitz ist, Versicherungskosten und Grundsteuern zahlen. Auch Kosten für die Strom- und Wasserversorgung fallen an. An den Gesamtkosten haben diese Posten einen geringen Anteil, doch sollten diese Kosten allein schon wegen der steuerlichen Absetzbarkeit nicht unberücksichtigt bleiben.

Ob es realistisch ist, die Immobilie zu einem für Sie lukrativen Preis mit einer ausreichend hohen Marge zu verkaufen, bestimmen Sie vor dem Immobilienkauf. Hierzu kalkulieren Sie die zu erwartenden Gesamtkosten und vergleichen diese mit den aktuellen Preisen vergleichbarer Immobilien in einem guten Zustand. Sollte es solche Immobilien nicht geben oder sollten Sie zu diesen Immobilien keine aktuellen Preise erfahren, so nehmen Sie die **Bodenrichtwerte und die aktuellen Immobilienpreise in der Umgebung als Vergleichsgrundlage**.

Neben der Kosten- und Gewinnkalkulation sind rund um den Wiederverkauf der Immobilie zwei weitere Themen relevant: die **steuerlichen Aspekte** und die **Vermarktung**. Wie viele Steuern Sie zahlen müssen, hängt vor allem davon ab, ob Sie als privater Investor tätig sind oder mit einem Unternehmen gewerblich handeln. Für die Vermarktung haben Sie die Wahl zwischen einer Selbstvermarktung und der Beauftragung eines Immobilienmaklers.

## Steuerliche Aspekte

Zur ersten Klärung steuerlicher Aspekte kommt die **3-Objekt-Grenze** zur Anwendung. Wenn Sie innerhalb von fünf Jahren drei Objekte oder weniger an- und verkaufen, werden Sie als privater Investor eingestuft. Beim An- und Verkauf von mehr als drei Objekten innerhalb von fünf Jahren wird von einem gewerblichen Handel mit Immobilien ausgegangen.

Wenn Sie als **Privatinvestor** handeln, greift Ihr persönlicher Steuersatz. Sie erzielen dann **Einkünfte aus selbstständiger Tätigkeit**. Nach Abzug der Kosten verbleibt ein Gewinn, der Ihrem sonstigen Einkommen angerechnet wird. Wenn Sie innerhalb eines Jahres beispielsweise 38.000 Euro Nettoeinkünfte aus Ihrem Angestelltenverhältnis haben und keine sonstigen steuerpflichtigen Einkünfte verzeichnen, werden die Gewinne in Höhe von z. B. 40.000 Euro aus dem An- und Verkauf von Immobilien in demselben Jahr zu diesen 38.000 Euro addiert. So kommen Sie auf ein Netto-Einkommen, das 78.000 Euro beträgt. Welche Steuern Sie auf dieses und andere Einkommen zahlen müssen, entnehmen Sie den Einkommenssteuertabellen, die jedes Jahr variieren und die Sie im Internet einsehen können.

**Tipp:**

Beim privaten und erst recht beim gewerblichen Immobilienhandel ziehen Sie bestenfalls einen Steuerberater hinzu. Dieser übernimmt für Sie die Einreichung von Steuererklärungen und berät Sie im Vorhinein über die steuergünstigste Durchführung Ihrer Tätigkeit. Beispielsweise könnte Ihr Steuerberater schon früh erkennen, dass Ihre Tätigkeit als gewerblich eingestuft wird und Sie ein Gewerbe anmelden müssen. Unter Umständen würde sich in Ihrem Fall die Gründung einer vermögensverwaltenden GmbH zur Minderung der Steuerzahlungen empfehlen. Zu diesen und ähnlichen Themen erhalten Sie beim Steuerberater die wichtigsten Hinweise.

Am anspruchsvollsten ist die Tätigkeit als Immobilienhändler, wenn Sie ein **Gewerbe anmelden**. Spätestens bei der Überschreitung der 3-Objekt-Grenze wird die Gewerbeanmeldung zur Pflicht. In diesem Fall können Sie ein **Einzelgewerbe** gründen. Alternativ gibt es die Option zur Gründung einer **Gesellschaft mit mehreren Personen oder allein**. Eine Gesellschaft mit beschränkter Haftung (GmbH) bietet den Vorzug eines festen Körperschaftssteuersatzes von unter 18 Prozent, was im Vergleich zur Einkommenssteuer, die fast 50 Prozent betragen kann, eine deutliche Ersparnis ist. Zudem ist eine GmbH haftungsbeschränkt: Im Gegensatz zu einem Privatinvestor haften Sie nicht mit Ihrem persönlichen Vermögen, sondern mit dem Vermögen der Gesellschaft. Nachteil der GmbH ist, dass die Immobilie nicht mehr in Ihrem Besitz ist und die Einkünfte aus dem Immobilienhandel auf das Konto der GmbH, die eine eigene juristische Person ist, fließen. Sie können sich die Einkünfte in Form einer Gehaltszahlung oder einer Gewinnausschüttung auszahlen lassen, doch müssen Sie diese Einkünfte versteuern.

Wie Sie sehen, sind die Angaben zu den Steuersätzen „unter 18 Prozent“ bzw. „fast 50 Prozent“ vage. Der Grund dafür ist, dass einige Komponenten der Steuern, wie die Kirchensteuer und der Solidaritätszuschlag, nicht von allen Steuerpflichtigen gezahlt werden müssen. Deswegen und weil die Entscheidung für die Gründung einer GmbH oder eines Einzelgewerbes ein kompliziertes Unterfangen ist, sollten Sie definitiv eine Steuerberatung konsultieren oder mehrere spezielle Ratgeber mit diesem Schwerpunkt lesen. In diesem Buch kann an diesem Punkt nicht weiter in die Tiefe gegangen werden.

Ein steuerlicher Aspekt, der immerhin sowohl beim gewerblichen als auch privaten Immobilienhandel gleich ist, ist die **steuerliche Absetzbarkeit von Sanierungs-, Renovierungs- und Modernisierungsmaßnahmen**. Es wird in anschaffungsnahe Aufwendungen, Erhaltungsaufwendungen, Anschaffungskosten und Herstellungskosten unterschieden. Beim Fix-&-Flip-Konzept spielen für gewöhnlich nur die anschaffungsnahen Aufwendungen eine Rolle. Auf der Website von HAUFE, einer Website mit juristischen Fachthemen, werden die **anschaffungsnahen Aufwendungen wie folgt definiert**:

> „Anschaffungsnaher Aufwand (Herstellungskosten) liegt gemäß § 6 Abs. 1 Nr. 1a Satz 1 EStG vor, wenn
>
> - innerhalb von 3 Jahren nach der Anschaffung des Gebäudes
> - Aufwendungen für Instandhaltungs- und Modernisierungsmaßnahmen getätigt werden,
> - die 15 Prozent der Anschaffungskosten des Gebäudes übersteigen.

Zu den anschaffungsnahen Herstellungskosten zählen auch

> - Erhaltungsaufwendungen und Aufwand für Schönheitsreparaturen,
> - Aufwendungen zur Herstellung der Betriebsbereitschaft funktionsuntüchtig gewordener Gebäudeteile.“ (Wilde/van Ghemen, 2022)

Es ist davon auszugehen, dass Sie bei der Fix-&-Flip-Strategie entsprechende Arbeiten in einem Zeitraum von 3 Jahren nach dem Immobilienkauf vornehmen lassen, denn das Ziel der Strategie ist ein möglichst schneller An- und Verkauf der Immobilie. Aufgrund des wahrscheinlich hohen Sanierungsbedarfs und des geringeren Kaufpreises werden die für die Instandhaltungs- und Modernisierungsmaßnahmen getätigten Aufwendungen aller Voraussicht nach 15 Prozent der Anschaffungskosten des Gebäudes übersteigen.

Die **anschaffungsnahen Herstellungskosten** werden mit der Gebäude-AfA abgesetzt. Das bedeutet, dass die anschaffungsnahen Herstellungskosten auf die gesamte Abschreibungsdauer der Immobilie – je nach Gebäudealter und -art sind es 40 bis 50 Jahre – gleichmäßig aufgeteilt und so abgesetzt werden. Vermieter und langfristige Eigentümer erachten diese steuerliche Regelung als Nachteil, doch beim **Flix-&-Flip-Konzept** dürften Sie dadurch keine Nachteile erfahren: Aufgrund des An- und Verkaufs der Immobilie binnen kürzester Zeit setzen Sie die Ausgaben in der Steuererklärung als **Betriebsausgaben** an und dürfen diese auf Anhieb absetzen.

## Selbstvermarktung oder Beauftragung eines Immobilienmaklers

Anfangs, wenn Sie sich um eine Immobilie kümmern und nicht um mehrere Objekte gleichzeitig, mag es Sinn ergeben, die Immobilienvermarktung selbst zu übernehmen. So ersparen Sie sich und dem Käufer die Ausgaben für den Immobilienmakler. Je mehr Kapital Sie mit dem Immobilienhandel generieren und je mehr Objekte zur gleichen Zeit betreuen müssen, umso klüger ist es, Arbeiten zu delegieren. Eine der Arbeiten, die als erste delegiert werden sollte, ist die Vermarktung der Immobilie.

Immobilienmakler verschaffen Ihnen **Sicherheit**, indem sie Sie über die **Pflichten eines Verkäufers** aufklären. So wird Fehlern im Rahmen der Kaufabwicklung und Informationspflichten vorgebeugt, was dazu führt, dass Ihnen **unerwartete rechtliche Konsequenzen erspart** bleiben. Auch die Qualität der Vermarktung ist bei Immobilienmaklern zufriedenstellend, denn Fotos werden mit hochwertigen Kameras professionell angefertigt und Exposés durch ansprechende Formulierungen auf einem angemessenen verkaufspsychologischen Niveau verfasst. Da ein Makler darüber hinaus provisionsbasiert arbeitet und Sie seine Dienstleistung erst nach einem erfolgreichen Verkauf der Immobilie vergüten müssen, kann von einem **guten Preis-/Leistungsverhältnis bei den Dienstleistungen eines Maklers** gesprochen werden.

Falls Sie die **Immobilie selbst vermarkten**, sparen Sie sich die 3,57 Prozent des Verkaufspreises und **steigern Ihren Gewinn**. Vor allem bei Immobilien in schlechteren Lagen kann es allerdings dazu kommen, dass sich der Verkauf der Immobilie ohne die Erfahrung und das Netzwerk eines Immobilienmaklers lange hinzieht. Um dies zu verhindern, ist **bei einer Selbstvermarktung die Investition in Immobilien in guten Lagen empfehlenswert**, denn bei solchen Immobilien erledigt sich die Vermarktung oft von selbst. Sie werden dennoch feststellen, dass die Einhaltung der bürokratischen Aspekte der Selbstvermarktung Ihnen viel Aufwand bereiten wird.

Sie haben nun eine Übersicht über die wichtigsten Vor- und Nachteile beider Vermarktungswege und können die Kosten für einen Makler bzw. Ihre Ersparnisse ohne Makler – aufgrund des festen Anteils von 3,57 Prozent am Verkaufspreis – gut kalkulieren. Entscheiden Sie je nach Ihrer individuellen Situation, welcher Vermarktungsweg für Sie der beste ist. Mit zunehmender Menge an Immobilien, die Sie sanieren und handeln, wird die Beauftragung eines Immobilienmaklers immer empfehlenswerter.

## Zusammenfassung

- Sie investieren beim Flix-&-Flip-Konzept keinesfalls in Objekte in A-Städten oder im Stadtkern von B-Städten. Stattdessen wählen Sie Objekte, die in abgelegenen Stadtteilen von B-Städten liegen und eine gute Anbindung an den Stadtkern haben. Investments im Umkreis von Großstädten und in C-Citys ergeben

Sinn, sofern sich die Preisentwicklung von Immobilien und der Zuzug neuer Einwohner positiv entwickeln.

- Ziehen Sie eine Investition in Wohnimmobilien vor, die nach Abzug des Kaufpreises sowie der Sanierungs-, Renovierungs- und Modernisierungskosten die Aussicht auf eine für Sie lukrative Marge bieten. Optimal ist es, wenn die Kosten für die Immobilie nach der Sanierung bei 60–80 Prozent des Verkehrswerts vergleichbarer Immobilien in gutem Zustand liegen.
- Am wichtigsten sind bei der Einschätzung der Kosten die Baualtersklasse, Energieeffizienz und verschiedene Mängel am Gebäude. Es sollten nach Möglichkeit nicht mehr als drei große Mängel vorhanden sein, damit sich die Investition in die Immobilie bezahlt macht. Besonders hohe Margen bieten Immobilien, deren Fundament, Mauerwerk und Dach einwandfrei sind. Sollten noch dazu die Sanitärinstallation, das Heizsystem und die Elektrik auf einem für heutige Verhältnisse angemessenen Stand sein, ist keine Sanierung, sondern nur eine Renovierung oder Modernisierung notwendig. Dies senkt Ihren Aufwand.
- Wählen Sie die Fachbetriebe für die Arbeiten an Ihrer Immobilie unter Berücksichtigung von deren Referenzen und Erfahrungen aus. Je mehr Fachbetriebe an der Immobilie arbeiten müssen, umso sinnvoller ist es, die Gewerke von vornherein durch einen Architekten wählen und koordinieren zu lassen.
- Entscheiden Sie sich für eine gewerbliche Tätigkeit oder für die Tätigkeit als Investor. Halten Sie die gesetzlichen Vorgaben ein, um von Anfang an Klarheit bezüglich Ihrer steuerlichen Kategorisierung und Behandlung zu haben. Lassen Sie sich von einem Steuerberater beraten. Bei der Vermarktung der Immobilie erweist sich ein Immobilienmakler im Vergleich zur Selbstvermarktung meist als die bessere Lösung.

# #4 Auslandsinvestments

Investitionen in Auslandsimmobilien bieten eine Chance, das nachzuholen, was Sie eventuell in Deutschland verpasst haben: Im Ausland finden Sie vielleicht Immobilien, die in 20–30 Jahren eine Wertentwicklung hinlegen, wie sie in Deutschland Immobilien in Friedrichshain-Kreuzberg seit den 90er-Jahren verbucht haben. Wenn Sie gezielt **in Metropolen von Staaten investieren, die erst am Anfang Ihres wirtschaftlichen Booms stehen**, haben Sie die Chance auf satte Renditen. Als Beispiel für einen solchen Staat lernen Sie in diesem Kapitel das deutsche Nachbarland Polen mit seinen Senkrechtstarter-Immobilienstandorten Danzig und Warschau kennen.

Zwei Techniken, jeweils zwei Länder-Beispiele, noch dazu zahlreiche Tipps für Städte mit potenziell renditestarken Investitionsobjekten – dieses Kapitel verschafft Ihnen einen Überblick über die wichtigsten Aspekte bei der **Auswahl von Investitionsobjekten im Ausland**. Selbstverständlich wird dabei auch auf **Kriterien wie die politische Sicherheit** eingegangen, denn der Angriffskrieg Russlands gegen die Ukraine im Jahr 2022 zeigt nur allzu gut, wie schädlich sich kriegerische Auseinandersetzungen auf die Immobilienpreise von Ländern auswirken können – sogar dann, wenn eine der Kriegsparteien nicht bombardiert wird und keinerlei Schäden an Infrastruktur sowie Immobilien verzeichnet!

Beherzigen Sie als allgemeine Hinweise und Vorsichtsmaßnahmen bei Auslandsinvestitionen die **folgenden Grundsätze:**

- Lassen Sie im Ausland jeden Aspekt der Immobilie (Baugenehmigung, Rechte Dritter, Altlasten etc.) und den Immobilienverkäufer durch Anwälte und/oder Notare umfassend prüfen.
- Konsultieren Sie nach Möglichkeit – vor allem dann, wenn Sie die Sprache des Landes nicht beherrschen – zweisprachige Anwälte und Notare.
- Unterschreiben Sie keine Dokumente, deren Inhalt Sie aufgrund von Sprachbarrieren nicht verstehen! Stellen Sie sicher, dass sowohl Sie als auch der Immobilienverkäufer ein Dokument in der eigenen Landessprache unterschreiben.

***Hinweis:***

„Mein Kollege war der Notar, wenn wir verkauft haben. Wir haben nichts anderes gemacht, als die Leute einen spanischen Mietvertrag unterschreiben lassen, wo wir im Prinzip unsere Mietverpflichtungen auf diese Leute überschrieben haben, und haben von den Leuten als Anzahlung […] quasi dieses Schwarzgeld entgegengenommen." Dieses Zitat stammt von einem Betrüger, der seine Vorgehensweise in der Dokumentation *Die Hochstapler* (YouTube, 2020) erklärt. Während die Interessenten glaubten, ein Ferienhaus auf Mallorca zu kaufen, verpflichteten sie sich nur zur Übernahme der Miete von dem Betrüger und seinem Kollegen, die das Ferienhaus selbst mieteten. Darüber hinaus gaben die Interessenten den beiden Betrügern eine Bargeldsumme als Anzahlung. Praktiken wie diese wären heute nicht mehr auf die gleiche Weise umsetzbar, doch zeigen sie, dass Ihnen in vielen Fällen bereits die Übersetzung eines Dokuments bei Auslandsinvestitionen böse Überraschungen erspart.

## Die Technik: Immobilienwahl bevorzugt in günstigen Staaten und Regionen

Die Auswahl von Investitionsobjekten im Ausland kann mit einem Fokus auf den Preis erfolgen: Wo ist der Preis im Verhältnis zum Ertragspotenzial gering? Hier ist die **Liste der potenziellen Investitionsobjekte in zwei Kategorien zu unterteilen**:

I. Das Einstiegsniveau der Immobilienpreise ist fast mit dem in Deutschlands Großstädten vergleichbar und somit hoch. Allerdings ist zeitgleich das **Potenzial für einen weiteren Preisanstieg enorm**, was eine Investition lohnend macht. Der Großteil der Staaten, in denen diese Immobilien zu finden sind, befindet sich auf dem Sprung zu einem Industriestaat oder erlebt seit Jahren einen wirtschaftlichen Boom. Ein möglichst **konstantes wirtschaftliches Wachstum mit sehr guten Prognosen** ist ein weiteres Merkmal dieser Staaten.
II. Das Einstiegsniveau der Immobilienpreise ist in Hauptstädten und Metropolen im Vergleich zu deutschen Immobilienpreisen sehr gering. Während die **(Traum-)Lage der Immobilie, der Schnäppchenpreis** und diverse weitere Faktoren für eine Investition sprechen, ist die **wirtschaftliche und/oder politische Lage dieser Staaten meist nicht stabil** und ein klares Contra-Argument gegen eine Investition.

In die erste Kategorie fallen mehrere Staaten des ehemaligen Ostblocks. Als Beispiel wird in diesem Kapitel **Polen** vorgestellt. Auch die **Tschechische Republik** verzeichnet eine positive Wirtschaftsentwicklung, wenngleich sie der polnischen mittlerweile hinterherhinkt. Vor mehreren Jahren noch war die Tschechische Republik das wirtschaftliche Vorzeigeland, doch mittlerweile ist es Polen – das ist weniger ein

Argument gegen eine Suche nach Investitionsobjekten in der Tschechischen Republik, sondern vielmehr ein Argument für Investitionen in Polen.

Was die zweite Kategorie anbelangt: Dieser gehören die Staaten des Ostblocks an, die kein wirtschaftliches Wachstum wie Polen verzeichnen, dafür aber umso günstigere Investitionsobjekte haben. Ein Beispiel hierfür sind die Staaten **Ungarn und Rumänien**. Mehr noch lohnt sich die Investition aber in anderen Staaten der zweiten Kategorie: **Griechenland und Türkei**. Diese Staaten überzeugen nämlich nicht nur durch das geringe Preisniveau der Immobilien, sondern sind beliebte Urlaubsländer. Dies verschafft Perspektiven auf eine Vermietung der Immobilien als Ferienwohnungen und auf eine langfristig positive Wertentwicklung. An Griechenland ist besonders attraktiv, dass der Staat zwar der zweiten Kategorie angehört, gleichzeitig aber in den nächsten Jahren den Sprung in die erste Kategorie schaffen könnte, weil nach der Wirtschaftskrise umfassende Investitionspakete geschnürt wurden und die Wirtschaft einen Aufschwung erlebt. Daher zeigt die Immobilienpreisentwicklung in Griechenland steil aufwärts.

## Beispiel: Immobilien in Polen – hohes Preiseinstiegsniveau, doch starkes wirtschaftliches Wachstum und hohe wirtschaftliche Sicherheit

Die Besonderheit des polnischen Immobilienmarktes im Vergleich zum deutschen ist der aktuell (Stand: September 2022) geringe Preis für Immobilien und das gleichzeitig **ausgeprägte wirtschaftliche Wachstum** des Staates. Zwar wurde das Wirtschaftswachstum im ersten Jahr der Corona-Pandemie ausgebremst, doch die **Rezession fiel geringer aus als im Großteil der EU-Staaten**. Einen mutmaßlich großen Anteil am wirtschaftlichen Wachstum hat die Attraktivität Polens für ausländische Investoren. Deutsche Investoren haben einen Anteil von einem Sechstel am insgesamt aus dem Ausland in Polen investierten Geld.

Ein Jahr nach Beginn der Pandemie wuchs die Wirtschaft Polens wieder; das Arbeitslosenniveau sank und ist zurzeit das niedrigste in Europa. Gleichzeitig steigen die Löhne konstant (Deutsche Vertretungen in Polen, 2021). Während sich für die Bürger in Polen die Lebens- und Einkommensverhältnisse verbessern, ist **Polen nach wie vor unter Touristen beliebt**. Sowohl die Nähe zum Meer in Großstädten wie Danzig als auch Metropolen wie Warschau und Krakau locken die Touristen an.

Ein Blick auf **Polen erinnert an den wirtschaftlichen Boom in Deutschland**, der am Ende des letzten Jahrtausends begann und bis in die 2000er-Jahre hinein andauerte. Seinerzeit lagen die Preise in Großstädten wie Berlin, Köln, Hamburg und weiteren Big Citys auf einem Niveau, zu dem sich durch den Kauf einer Immobilie und deren Vermietung Gewinne erzielen ließen. Ähnlich verhält es sich zurzeit mit polnischen **Großstädten wie Danzig, Warschau und Krakau**.

Danzig als Beispiel nehmend: **Danzig** ist vor allem aufgrund seiner **Nähe zum Meer** bekannt. Es wurde massiv in Hotels in Strandnähe, in die Aufwertung der Altstadt und in die Renovierung bzw. den Neubau von Immobilien im Zentrum investiert. Charakteristisch ist die **Fusion von Tradition und Moderne**: Ältere Gebäude, die dem Zentrum Danzigs seinen Charme verleihen und die Geschichte der Stadt vermitteln, wurden saniert und renoviert, aber in ihrer Optik kaum verändert. Dafür wurden vor die Gebäude beispielsweise große Glasbauten gebaut, die durchsichtig sind. Somit ist die Fassade eine Mischung aus Glas und Metall und transportiert den modernen Zeitgeist, während dahinter – immer noch sichtbar – die alte Fassade in traditioneller Optik erhalten geblieben ist. Abgesehen von diesem weitverbreiteten Sanierungs- und Modernisierungskonzept existieren in Danzig mehrere **Neubauten**, von denen einige mit einem **besonders exklusiven Konzept** entworfen wurden: direkt in der City und am Kanal gelegen, mit einer Bootsanlegestelle und eigenem Verwalter. Weiter entfernt vom Zentrum finden sich in Danzig nach wie vor zahlreiche Immobilien in Strandlage, die aufgrund ihres sanierungsbedürftigen Zustandes z. B. fürs Flix-&-Flip-Konzept oder für eine Vermietung als Ferienwohnung infrage kommen.

Die Umsetzung der Immobilienprojekte, die positive Entwicklung der Preise und der Mietspiegel, das steile und allem voran krisenresistente Wachstum der polnischen Wirtschaft – all diese Aspekte sprechen für eine Investition in Polen. Wer sich ärgert, in den 90ern eine Investition in Berlin, Hamburg, Frankfurt am Main oder München verpasst zu haben, findet nun in Städten wie Warschau, Danzig, Krakau und Breslau eine neue Chance. Es ist nicht abwegig, dass bei fortschreitendem Wachstum der polnischen Wirtschaft die Immobilienpreise in den kommenden 20 Jahren derart hochschnellen werden, wie es in den deutschen Big Citys in den letzten Jahrzehnten der Fall war.

Zwar haben Städte wie Warschau, Danzig, Krakau und Breslau schon jetzt (Stand: September 2022) ein allgemein hohes Preisniveau erreicht, aber Immobilien in Städten, die zentrale Knoten der nationalen Wirtschaft und außerdem Touristenmagneten sind, haben auch bei hohem Preisniveau noch reichlich Luft nach oben. Sollten Ihnen Investitionsobjekte in diesen Städten zu teuer sein, so können Sie **auf Immobilien in Swinemünde, Lublin und Posen ausweichen**.

## Beispiel: Immobilien in der Türkei – geringe Sicherheit, aber Schnäppchenpreise und hohes Wertsteigerungspotenzial

Während in den südlichen Staaten Portugal, Spanien und Italien die Kaufpreise und Mieten für Immobilien gefühlt durch die Decke schießen, sieht es in Griechenland und der Türkei anders aus. Obwohl Metropolen wie Griechenlands

Hauptstadt Athen und die türkische Stadt Istanbul Touristenmagneten sind, hohe Einwohnerzahlen verzeichnen und viele **Immobilien in der Nähe von Sehenswürdigkeiten liegen oder beste Verkehrsanbindungen aufweisen**, ist eine Investition im Vergleich zu einer Investition in Immobilien in deutschen oder anderen südländischen Metropolen äußerst günstig.

- In Portugals Hauptstadt Lissabon haben die Preise für Immobilien im Stadtkern fast das Niveau Berlins erreicht. Spaniens Hauptstadt Madrid steht dem in nichts nach. Noch teurer sind die italienischen Großstädte – von Mailand über Rom bis hin zu Turin.
- Nun Griechenlands Hauptstadt Athen: Objekte im Zentrum und in Bestlage verzeichnen Preise, die nicht mal die Hälfte der Madrider, Lissaboner und Berliner Immobilienpreise erreichen. Bereits mit geringeren sechsstelligen Beträgen lassen sich 100-m²-Appartments im Zentrum Athens erwerben (Stand: September 2022).
- In der **Türkei** sind die **Schnäppchenpreise noch extremer**: Die historische Hafenstadt Istanbul mit ihren zahlreichen Attraktionen wartet mit lediglich fünfstelligen Preisen für zentral gelegene 100-m²-Appartments auf (Stand: September 2022)! Zahlreiche russische, irakische und deutsche Investoren haben in den vergangenen Monaten verstärkt in der Türkei investiert.

Die Preise in Griechenland – ob in Athen oder auf den populären Urlaubsinseln – sind deswegen so niedrig, weil die Investition in Griechenland nach der Banken- und Finanzkrise von 2007 und speziell der Wirtschaftskrise in Griechenland unattraktiv war und die Preise stark gesunken sind. Mittlerweile hat sich die griechische Wirtschaft stabilisiert. Durch umfangreiche Visa-Programme sind Investitionen für Investoren aus aller Welt attraktiv geworden. Dies treibt die Immobilienpreise in die Höhe. Wer bisher noch nicht investiert hat, kommt aber noch nicht zu spät, denn der Aufschwung der griechischen Wirtschaft hat erst vor wenigen Jahren begonnen und die Prognosen sind aufgrund von bereits geschlossenen Handels- und Kooperationsverträgen mit wohlhabenden Staaten aus dem arabischen Golf und aus Fernost bestens. In Griechenland zu investieren, ist prinzipiell empfehlenswert.

Doch noch interessanter ist eine Investition in der Türkei, wobei es keine Rolle spielt, in welcher Großstadt oder welchem beliebten Touristenort investiert wird: Zurzeit erhalten Interessenten hier **alle Immobilien günstig, was an dem stetigen Wertverlust der türkischen Währung Lira liegt**. Durch die Inflation von 80 Prozent oder sogar mehr – die offizielle Höhe der Inflation ist umstritten – steigt der Wert fremder Währungen in Relation zur türkischen Währung stetig. Gleichzeitig benötigen die Einheimischen die Liquidität und sind zum Verkauf der Immobilien zu geringen Preisen bereit.

„Wir stehen mitten in der schlimmsten Krise unserer jüngsten Vergangenheit. Die mächtige Türkei ist nahezu der ‚Alles-1-Lira-Laden' der Nachbarländer geworden", so Ali Babacan, ein ehemaliger Wirtschaftsminister und aktueller Oppositionspolitiker in der Türkei (manager magazin, 2021). Die Tatsache, dass neben Immobilien auch Dienstleistungen und diverse Produkte in der Türkei von der Inflation betroffen sind, macht die Immobilien in dem Staat umso attraktiver für die Investoren, denn die **Renovierung, die Sanierung, das Home Staging und andere wertsteigernde Maßnahmen lassen sich zu – aus mitteleuropäischer Sicht – attraktiven Preisen umsetzen**.

Angesichts der schweren Währungskrise wird eine Investition in türkische Immobilien von Unsicherheit begleitet: Wann legt sich die Krise wieder? Wie legt sie sich – friedlich oder in Form von Massenprotesten und durch einen Bürgerkrieg? Die Situation lässt viel Raum für Fantasie. Die Drohgebärden Erdogans gegenüber Griechenland („Wenn die Zeit gekommen ist, werden wir das Nötige tun. Eines Nachts können wir kommen.“) wecken sogar Befürchtungen über kriegerische Auseinandersetzungen und erweitern das Problem der Inflation um das Risiko eines Krieges (Mayer-Rüth, 2022). Auch wenn sich diese Auseinandersetzungen nur auf griechischem Staatsgebiet abspielen sollten, würde dies höchstwahrscheinlich zu einem Preiseinsturz auf dem türkischen Immobilienmarkt führen – diese Mutmaßungen werden gestützt durch die Tatsache, dass der russische Immobilienmarkt um rund 20 Prozent einbrach, nachdem Russland den Angriffskrieg gegen die Ukraine begonnen hatte. Selbst wenn es weit hergeholt erscheint: Auch die Abwägungen über das Risiko eines Krieges können bei der Entscheidung für oder gegen eine Investition in ausländische Immobilien eine Rolle spielen.

Der Mangel an Sicherheit bei Investitionen in der Türkei lässt sich nicht quantifizieren – das Steigerungspotenzial der Immobilienpreise hingegen schon. Die Entwicklung der Immobilienpreise in Griechenland in den vergangenen 5 Jahren und die in Portugal, Spanien und Italien in den letzten Jahrzehnten als Grundlage nehmend, sind die **Aussichten auf eine Wertsteigerung von Immobilien in türkischen Großstädten wie Istanbul und Alanya um mehrere hundert Prozent realistisch**.

In welcher Stadt oder in welcher Region der Türkei investiert werden sollte, ist sekundär – aktuell sind die Preise für Immobilien jeder Art im ganzen Land gering. In Städten von A wie Ankara und Alanya über I wie Istanbul und Izmir bis hin zu Z wie Zonguldak kann zu Quadratmeterpreisen von weit unter 1.000 Euro (Stand: September 2022) mit guten Aussichten auf Rendite investiert werden. Um das größte Renditepotenzial auszuschöpfen, lohnen sich **Investitionen in den**

**bekanntesten Städten wie Ankara, Alanya, Istanbul, Izmir, Eskişehir, Bursa, Samsun und Gaziantep** am ehesten. Den hohen Renditechancen bei Investitionsobjekten in diesen Städten ist die höhere Sicherheit in weniger bekannten Städten entgegenzusetzen: Sollte es tatsächlich zu kriegerischen Auseinandersetzungen kommen, sind Immobilien in kleineren Städten vor Bombardements und feindlichen Besatzungen am sichersten. In diesem Zuge ist jedoch zu betonen, dass, selbst wenn die Türkei in Griechenland einmarschierte, ein **Krieg auf türkischem Boden höchst unwahrscheinlich** ist und ein Immobilienbesitz in der Türkei Stand September 2022 daher **keinem strukturell signifikanten Risiko unterliegt, sondern lediglich dem Risiko des weiteren Preisverfalls**, der in Kriegszeiten eintritt.

## Die Technik: Immobilienwahl bevorzugt anhand rechtlicher Sicherheit und positiver Wertentwicklung

Im Folgenden wird auf Immobilieninvestments in den beiden Staaten Griechenland und Norwegen eingegangen. Bei den Beispielen werden lediglich die rechtlichen Aspekte aufgeführt, denn der Aspekt der positiven Wertentwicklung erklärt sich von selbst:

- Für die Feststellung der positiven Wertentwicklung wurden die Immobilienpreise in den letzten beiden Jahrzehnten (Stand: September 2022) und deren Entwicklung in beiden Staaten geprüft.
- Dabei zeigte sich für Griechenland, dass Immobilien in Athen, auf dem Peloponnes und auf Urlaubsinseln wie Kreta und Rhodos besonders gefragt sind und konstant an Wert gewinnen.
- In Norwegen ließ sich eine positive Wertentwicklung vor allem im Süden des Landes ausmachen, da hier die Temperaturen milder als im – für europäische

Verhältnisse – überdurchschnittlich kalten Norden ausfallen. In den Metropolregionen Oslo und Bergen haben die Preise bereits ein hohes Einstiegsniveau.

*Erkenntnis:*

Norwegen ist nicht nur ein Land, in dem Immobilien mit hoher rechtlicher Sicherheit gekauft werden können. Es ist darüber hinaus ein Land, das eine gute wirtschaftliche Stabilität mit guten Aussichten auf ein weiteres wirtschaftliches Wachstum aufweist; die Unabhängigkeit von Energielieferungen aufgrund des fast komplett vollzogenen Umstiegs auf erneuerbare Energien ist ein auf lange Sicht enormer Sicherheitsfaktor. Somit lässt sich auf Norwegen auch die in diesem Kapitel geschilderte erste Technik anwenden: hohes Preiseinstiegsniveau, doch starkes wirtschaftliches Wachstum und hohe wirtschaftliche Sicherheit.

Wenn Sie eine Person sind, die bei Investments einen hohen Wert auf Sicherheit legt, können Sie Staaten, in denen Sie investieren möchten, anhand ihrer rechtlichen Sicherheit auswählen. Wie Ihnen die Box oben zeigt, muss diese Technik die Anwendung der anderen in diesem Kapitel vorgestellten Techniken keineswegs ausschließen: So kann ein wirtschaftlich florierendes Land beispielsweise gleichzeitig ein geringes Preisniveau, eine hohe rechtliche Sicherheit und ein hohes Preissteigerungspotenzial bei Immobilien bieten.

Unter den rechtlichen Aspekten steht im Vordergrund, ob die Immobilie legal und kein „Schwarzbau" ist. Sobald dieser Punkt geklärt ist, ist die **Prüfung des Verkäufers und des Objekts wichtig**: Die Schulden und Rechte Dritter auf die Immobilie sind Stolperfallen beim Immobilienkauf in einigen Staaten. Je besser die rechtlichen Voraussetzungen in einem Land sind, Sie gegen diese Stolperfallen abzusichern, umso besser ist es für Sie als Investor. In den beiden Staaten Griechenland und Norwegen ist die rechtliche Sicherheit in den meisten Fällen grundsätzlich höher als beim Immobilienkauf in der Türkei und in Spanien. Dennoch gibt es rund um den Immobilienkauf in Griechenland und in Norwegen einige Besonderheiten zu beachten, über die Sie im Folgenden aufgeklärt werden.

### Beispiel 1: Immobilien in Griechenland – mehr Eigenverantwortung bei der Recherche von Eigentumsverhältnissen

Um die rechtlichen Besonderheiten rund um den Kauf von Immobilien in Griechenland zu verstehen, seien **zunächst einige Informationen rund um die Kaufabwicklung in Deutschland** angeführt: In Deutschland stellt der Notar fest, ob der Verkäufer dem Käufer gegenüber ehrlich war, was die Lastenfreiheit bzw. Belastung der Immobilie anbelangt. Eine Belastung ist beispielsweise eine Hypothek. Wenn der Verkäufer einer Immobilie zum Verkaufszeitpunkt den Kredit für die Immobilie nicht zurückgezahlt hat, stellt der Notar dies anhand eines Eintrags im Grundbuch fest. Auch weitere mögliche Rechte Dritter, wie das Wohnrecht und das Nießbrauchrecht (siehe Kapitel 2), sind im Grundbuch eingetragen. Ebenso wie einen laufenden Kredit stellt der Notar auch diese Rechte bei der Anfertigung eines Kaufvertrages fest.

*Hinweis:*

Neben dem Grundbuch gibt es u. a. mit dem Liegenschaftskataster und Altlastenkataster zwei weitere Verzeichnisse, in denen wichtige Hinweise zur Immobilie enthalten sind. Auch in diese und weitere Verzeichnisse erhält der Notar bei der Anfertigung des Kaufvertrages Einsicht.

In Deutschland ist demnach für Käufer die Sicherheit hoch, dass eine Immobilie gekauft wird, die lastenfrei ist bzw. nur die von dem Verkäufer mitgeteilten Belastungen aufweist. Mit dem Wissen über die Eintragungen im Grundbuch und in den Katastern lassen sich die Unterschiede zum Immobilienkauf in Griechenland gut erläutern: **Grundbucheinträge mit derart ausführlichen Informationen wie in Deutschland gibt es nicht**. Zudem besteht in zahlreichen Regionen Griechenlands **kein Katasteramtswesen**.

> „Aus diesen Gründen ist es überaus wichtig, dass Sie als Anleger akribische Überprüfungen der Immobilie und des Verkäufers vornehmen. Dabei geht es unter anderem um eventuelle Pfändungen, gerichtliche Beschlüsse, Hypotheken, Erbschaftsangelegenheiten sowie um die Rechtmäßigkeit der Veräußerung der Immobilie selbst. Ferner ist es wichtig, festzustellen, ob der Verkäufer nicht beispielsweise Konkurs/Insolvenz angemeldet hat. Der ‚gutgläubig' abgeschlossene Kaufvertrag, der sich später als nichtig erweist, ist in Griechenland nicht geschützt." (Berger, 2019)

Was tun Sie, um diesen Unsicherheitsfaktor zu umgehen? Einen griechischen Rechtsanwalt beauftragen! **Griechische Rechtsanwälte** führen über die gesetzliche Frist von 20 Jahren eine **Prüfung des Immobilienbesitzers und seines Immobilienbesitzes** auf zuverlässige Weise durch. Aus diesem Grund ist die rechtliche Sicherheit bei Immobilienkäufen in Griechenland in Relation zu anderen südeuropäischen Staaten in diesem Punkt höher.

Hinzu zu dieser Erkenntnis kommt der Vorteil, dass Sie als Anleger in Griechenland von vornherein gegen ein Risiko abgesichert sind, gegen das Sie z. B. in Deutschland nicht geschützt sind: den Kauf von Gebäuden, für die keine Baugenehmigung vorliegt. In Griechenland sind Verkäufer vor dem

**Verkauf nämlich dazu verpflichtet, einen Bauingenieur mit der Prüfung der Baugenehmigung zu beauftragen**. Als Käufer können Sie sich sicher sein, dass die Immobilie legal erbaut wurde und legal besteht. Lassen Sie sich das Ergebnis der Prüfung durch den Bauingenieur vor dem Kauf einer Immobilie in jedem Fall schriftlich aushändigen!

Unterm Strich steht bezüglich der rechtlichen Aspekte rund um einen Immobilienkauf in Griechenland die Erkenntnis, dass Sie **mehr Eigenverantwortung** haben. Der Notar übernimmt nicht wie in Deutschland die Prüfung der Belastungen einer Immobilie. Stattdessen müssen Sie dies vor der Unterzeichnung des Kaufvertrags durch einen Rechtsanwalt vornehmen lassen. Sollten Sie dieser Verantwortung nachkommen, können Sie in Griechenland sicherer als in vielen anderen Ländern Europas und vor allem außerhalb Europas investieren. In Frankreich beispielsweise sind bereits privat unterzeichnete Kaufverträge für Immobilien verbindlich, während in Portugal und Spanien sogar mündliche Zusagen zum Kauf einer Immobilie verpflichten. Somit ist das griechische Recht, das die Beurkundung eines Immobilienverkaufs durch einen Notar voraussetzt, im südeuropäischen Vergleich relativ sicher.

### Beispiel 2: Immobilien in Norwegen – hohe Sicherheit inkl. Gutachten bei gleichzeitig hohem Aufwand im Bieterverfahren

Der Immobilienkauf in Norwegen ist in vielerlei Hinsicht besonders. Eine der größten Besonderheiten ist dabei das **Bieterverfahren**: Wenn Sie im Anschluss an die Besichtigung der Immobilie an einem Kauf interessiert sind, hinterlegen Sie ein Angebot. Das anschließende Bieterverfahren verläuft **via SMS** – das ist kein Witz, sondern ernsthaft gemeint. Die per SMS abgegebenen Angebote sind bindend und führen, wenn sie von dem Verkäufer angenommen werden, umgehend zur Kaufpflicht.

Der **gesamte Prozess vom Interesse bis zum Kauf der Immobilie** gestaltet sich bei einer Investition in Norwegen wie folgt:

- Sie suchen über einen Makler, eine Immobilienagentur, ein Online-Portal oder eine Zeitung nach Objekten. Bekannte Online-Portale sind u. a. *www.finn.no*, *hem.no* und *www.eiendomsmegler1.no/boliger*.
- Eine große Besonderheit beim Immobilienerwerb in Norwegen besteht in der zwingend erforderlichen Zusammenarbeit mit einem Makler. Anders als in Deutschland und zahlreichen anderen Staaten muss in Norwegen die Abwicklung des Immobilienkaufs über einen Makler erfolgen; ein Notar wird nicht benötigt.
- Es folgt in den meisten Fällen ein Termin zu einer Besichtigung des Hauses vor Ort. Bei diesem Termin sind alle Interessenten geladen. Am Ende des Besuchs wird ein Prospekt bzw. eine Verkaufsbroschüre ausgehändigt. Meist ist auch das sogenannte Verkaufsgutachten dabei, das für Interessenten von unschätzbarem Wert ist, da hier alle Informationen zu Altlasten, eingetragenen Grundschulden und weiteren Aspekten aufgeführt sind. Zudem erhält man ein Formular, das zur schriftlichen Abgabe des Angebots ausgefüllt werden muss.
- Meist liegt der ausgeschriebene Preis über dem Verkehrswert. Es ist daher klug, im Formular einen geringeren Preis vorzuschlagen. Das Formular wird nach der Angabe von weiteren erforderlichen Daten – darunter eine norwegische Steuernummer, die vorher beantragt werden muss – zusammen mit einem Foto des Personalausweises abgesendet.
- Im Nachhinein hat man die Chance, das Angebot zu verbessern. Das verbesserte Angebot dürfen alle Bieter dem Makler per SMS mitteilen. Vorwiegend

erhält der Meistbietende den Zuschlag für den Kauf der Immobilie. An den ausgewählten Käufer wird ein Kaufbrief, der ein vorläufiger Kaufvertrag ist, ausgehändigt. Von diesem Moment an sollte die Zusammenarbeit mit einem Fachanwalt erfolgen, der das Verkaufsgutachten und weitere rechtliche Aspekte rund um die Immobilie und deren Verkäufer prüft. Wenige Wochen darauf treffen sich Käufer und Verkäufer beim Makler.

- Beim Makler wird der Kaufvertrag unterschrieben, woraufhin die Bank des Verkäufers von der Bank des Käufers den Kaufbetrag für die Immobilie und einen Aufschlag von 2,5 Prozent zur Abführung der Grunderwerbsteuer abbucht. Den Makler bezahlt in der Regel der Verkäufer. Falls nicht, so teilt man sich die Kosten und/oder verhandelt mit dem Makler. Üblich ist eine Maklergebühr in Höhe von ca. 2,5 Prozent des Immobilienkaufpreises zzgl. der Mehrwertsteuer. Insgesamt sind die Kaufnebenkosten in Norwegen im europaweiten Vergleich äußerst gering.

Quellen: Berger (2019); Hamidi (2020)

Das Kaufverfahren bereitet einen vergleichsweise hohen Aufwand, bietet für Investoren aus dem Ausland allerdings gleichzeitig eine enorme Sicherheit, sofern nach der Aushändigung des Kaufbriefs die Zusammenarbeit mit einem Fachanwalt aufgenommen wird. Die **geringen Nebenkosten sowie die Attraktivität Norwegens als Urlaubs- und Lebensort** sprechen für eine Investition in Norwegen. Das Land, das unabhängig von ausländischen Energieimporten ist, den Großteil des Energiebedarfs aus erneuerbaren Energien deckt und noch dazu reich an Bodenschätzen ist, bietet eine **langfristig gute Aussicht auf einen weiteren Anstieg der Immobilienpreise**. Abgesehen davon findet sich aufgrund der Größe des Landes und der zahlreichen Preisklassen für jeden Anleger ab einem Budget von mindestens 150.000 Euro ein Investitionsobjekt, das attraktive Renditeaussichten aufweist.

## Zusammenfassung

- Die Auswahl von Investitionsobjekten im Ausland tätigen Sie, indem Sie sich zunächst an allgemeinen Kriterien wie der Lage sowie der Entwicklung der Immobilienpreise und Mieten orientieren.
- Nun stellt sich die Frage, ob Sie die rechtliche Sicherheit oder ein möglichst hohes Ertragspotenzial als wichtigeres Kriterium bei der Immobilienauswahl einstufen:
    - In einigen Staaten werden beide Kriterien erfüllt, sodass Sie sichere Investments mit einem langfristigen Potenzial auf mehrere hundert Prozent Rendite finden.
    - In anderen Staaten wiederum liegt ein hohes Ertragspotenzial vor, doch die rechtliche und politische Sicherheit fallen gering aus.
- Letztlich verhält es sich mit der Investition in Auslandsimmobilien fast wie mit einer Geldanlage an der Wertpapierbörse:
    - Die höchsten Ertragschancen haben Sie bei Investments, die gleichzeitig hohe Risiken bergen.
    - In verhältnismäßig sicheren Staaten sind die Ertragschancen meist geringer.
    - Wenn Sie ein hohes sechsstelliges Kapital haben, spricht nichts dagegen – ähnlich wie an der Wertpapierbörse – das Risiko zu streuen und in mehrere Immobilien in verschiedenen Risikoklassen zu investieren.

# #5 SWOT-Analyse

Das Investment in Immobilien kann **mit der Investitionsentscheidung eines Unternehmens verglichen** werden. Es ist unerheblich, ob Sie Immobilien vermieten, nach dem Kauf direkt wiederverkaufen oder flippen möchten: Sie haben Ihre Kunden, Dienstleister und Lieferanten; bei einem Unternehmen verhält es sich nicht anders.

- Die Kunden sind die Mieter oder Käufer Ihrer Immobilie.
- Heizungsinstallateure, Maler, Verwalter und sonstige Personen bzw. Unternehmen, die für Sie Arbeiten in und an Ihrer Immobilie vollziehen, sind die Dienstleister.
- Die Rolle der Lieferanten nehmen die Gas-, Strom- und Wasseranbieter ein.

Experten aus der Immobilienbranche sind aufgrund dieser und auch weiterer Parallelen zwischen Immobilieninvestments und Unternehmen auf die Idee gekommen, **Prinzipien der Unternehmensanalyse auf Immobilien anzuwenden**. Eine Technik, die bei der Analyse von Unternehmen Anwendung findet, ist die SWOT-Analyse.

„SWOT" ist ein Akronym und steht für die folgenden vier Analyseaspekte: **Strengths (Stärken), Weaknesses (Schwächen), Opportunities (Chancen) und Threats (Bedrohungen)**. Ungefähr genauso, wie es bei Unternehmen möglich ist, beispielsweise die Abhängigkeit von einem bestimmten Lieferanten oder die Bedrohung durch ein innovatives Konkurrenzunternehmen als negative Analysefaktoren einzubeziehen, können ähnliche oder andere Kriterien auch auf die Immobilienanalyse angewendet werden.

Die SWOT-Analyse kann demnach **bei jeder Art von Immobilieninvestment zum Einsatz kommen**. Sie berücksichtigt grundlegende Kriterien der Immobilienanalyse wie die Lage der Immobilie und erweitert diese Kriterien um weitere Analysefaktoren. Ob Sie eine Immobilie im Ausland, im Inland oder im Umkreis von 50 km von Ihrem Wohnsitz kaufen: Die SWOT-Analyse ist immer anwendbar! Es handelt sich um eine Technik zur Immobilienauswahl, die sich hervorragend mit den anderen Techniken, die in diesem Buch vorgestellt wurden, kombinieren lässt.

## Erklärung: Anwendung der SWOT-Analyse

Um die theoretische Fundierung der SWOT-Analyse und deren Anwendung auf den Immobilienmarkt zu verstehen, soll die Analysetechnik zunächst im Unternehmenskontext erklärt werden. Hierzu sei betont, dass die SWOT-Analyse speziell zur Analyse der Ausgangslage dient; sie wird also angewendet, um die aktuelle Situation eines Unternehmens zu bewerten.

> „Zur Analyse der Ausgangslage dient die SWOT-Analyse […], bei der einerseits die Stärken und Schwächen des Unternehmens (interne Analyse) und andererseits die Chancen und Risiken der Umwelt (externe Analyse) analysiert werden […].“ (Thommen/Achleitner et al., 2017)

Die Tatsache, dass die SWOT-Analyse zur **Bewertung der Ausgangssituation** dient, macht die Übertragung dieser Analysetechnik auf den Immobilienmarkt besonders interessant. Die Ausgangslage bei Investitionen in Immobilien zu kennen und zu bewerten, ist nämlich vor der Immobilienauswahl von großer Bedeutung, um **Fehlinvestitionen zu vermeiden**. Dementsprechend fügt sich die SWOT-Analyse ausgezeichnet in diesen Ratgeber ein: Weil bei der SWOT-Analyse die Ausgangssituation bewertet wird, ist es eine Technik, die **für die Immobilienauswahl wie geschaffen** ist.

Nun zurück zum Unternehmenskontext: Zwei wichtige Komponenten der SWOT-Technik bei Unternehmen sind die Unternehmensanalyse und die Umweltanalyse. Weil sich diese beiden Analysen gut auf Immobilieninvestitionen übertragen lassen, legen wir im Folgenden den Fokus darauf und lassen weitere analytische Aspekte der SWOT-Unternehmensanalyse außen vor.

## Durchführung der Immobilienanalyse

Bei der Unternehmensanalyse setzt man sich zum Ziel, „den gegenwärtigen Zustand des Unternehmens so objektiv wie möglich dar[zu]stellen." (Thommen/Achleitner et al., 2017) Die Qualität der eigenen Produkte und die Kompetenzen des eigenen Personals sind beispielsweise Faktoren, die einer Analyse unterzogen werden. Um die Objektivität dieser und weiterer Analysefaktoren zu gewährleisten, ist es wichtig, einen **objektiven Maßstab** zu haben. Dieser Maßstab ergibt sich durch einen Vergleich mit der Konkurrenz. Wenn beispielsweise die Konkurrenz Innovationen schneller vorantreibt, würde sich in der mangelnden Innovationsbereitschaft bzw. -fähigkeit eine Schwäche des Unternehmens finden.

Auch bei der **Immobilienanalyse** ist das Ziel eine objektive Bewertung des gegenwärtigen Zustands. Der Maßstab, der Objektivität ermöglicht, ist wie bei Unternehmen der **Konkurrenzvergleich**. So könnte man, wenn zwei Wohnungen in einem Wohnblock zu verschiedenen Preisen zum Verkauf stehen, die **Wohnungen miteinander vergleichen** und prüfen, inwiefern der Preisunterschied gerechtfertigt ist: Ist die eine Wohnung teurer als die andere, weil sie renoviert wurde? Ist der Kaufpreis der einen Wohnung höher, weil sie eine größere Quadratmeteranzahl hat? Diese Fragen sind Teil eines Konkurrenzvergleichs.

> ***Hinweis:***
>
> Genauso, wie es bei der SWOT-Unternehmensanalyse nur sinnvoll ist, Unternehmen aus einer Branche miteinander zu vergleichen, ist es auch bei der SWOT-Immobilienanalyse wichtig, vergleichbare Immobilien in ähnlicher Lage zu suchen. Eine Immobilie im Zentrum einer Großstadt mit einer Immobilie im Umland der Großstadt zu vergleichen, würde aufgrund der generell extremen Preisunterschiede zwischen Immobilien in diesen beiden Lagen keinen Sinn ergeben. Es ließe sich kaum feststellen, inwiefern der Preisunterschied auf qualitative Unterschiede der Immobilien und inwiefern er auf Lagekriterien zurückzuführen ist.

Führt man nun den Hinweis aus der Box weiter aus, dann gelangt man zu einem weiteren äußerst wichtigen Kriterium. Bei **Auslandsinvestitionen** – ob in Unternehmen oder Immobilien – kann eine objektive Analyse der Ausgangslage nur gewährleistet werden, wenn man die **Maßstäbe des jeweiligen Landes anwendet**. Für die SWOT-Unternehmensanalyse bedeutet dies, dass man den Umsatz zweier Unternehmen aus derselben Branche nicht vergleichen kann, wenn das eine Unternehmen in einem Industriestaat und das andere in einem Entwicklungsland ansässig ist. Sie meinen, dass dieser Aspekt offensichtlich sei? Leider nicht, denn deutsche Immobilieninvestoren wenden bei der Bewertung ausländischer Immobilien immer wieder deutsche Qualitätsmaßstäbe an.

Sollten Sie sich für die **Investition in Immobilien in südlichen Ländern** (z. B. auf Kreta in Griechenland, im Zentrum Istanbuls) entscheiden, dann dürfen Sie nicht erwarten, dass schief verlegte Fliesen und uneben verputzte Wände als Qualitätsmangel gelten. Sicher sollten Sie an eine High-Tech-Luxusvilla den Anspruch haben, dass die Qualität der Immobilie europäischen oder US-amerikanischen Maßstäben gerecht wird. Doch der Großteil der Immobilien auf Kreta oder an vergleichbaren Orten wird **alles andere als „glatt“ und „präzise“ verarbeitet** sein. Viel mehr noch: Des Öfteren wird der Verkäufer oder Vermieter einer solchen Immobilie schief verlegte Fliesen nicht als Defizit, sondern als Normalfall ansehen oder sogar als eine besondere Qualität und typisches Merkmal des „traditionell kretischen Charmes“ anpreisen.

Im Vergleich zur SWOT-Unternehmensanalyse ist die SWOT-Immobilienanalyse an mehreren Punkten einfacher gestrickt, weil die Analysekriterien allgemeiner sind. Wenn man **deutsche Immobilien** bewertet, unterliegen die Immobilien sogar **allgemeinen Qualitätsstandards**, was die objektive Bewertung von Immobilien vereinfacht. Bei Unternehmensanalysen wiederum verhält es sich anders, weil sogar Unternehmen aus derselben Branche gegensätzliche Produktportfolios (z. B. traditionell vs. innovativ), Qualitätsgrundsätze (z. B. Discounter vs. Premium-Laden), Zielgruppen (z. B. wohlhabende Klientel vs. Durchschnittsbürger), Unternehmensphilosophien (z. B. Fairtrade vs. möglichst günstig) und sonstige Unterschiede aufweisen können. Das erfordert eine individuelle Anpassung der Qualitätsmaßstäbe an jedes Unternehmen.

Auch bei der Bewertung von Immobilien kann eine Anpassung der Qualitätsmaßstäbe notwendig sein, was beispielsweise dann der Fall ist, wenn man eine gehobene Klientel von der Miete bzw. dem Kauf der Immobilie überzeugen möchte. Bei der gehobenen Klientel ist eine frisch renovierte Wohnung ohne Mängel und mit einem großen Grundriss meist ein Muss, während Durchschnittsbürgern ein sauberer und mangelfreier Zustand schon ausreicht. Im Großen und Ganzen sind die Qualitätsmaßstäbe für Immobilien jedoch gleich. So wird z. B. bei jeder Besichtigung darauf geachtet, dass Gebäude frei von Wärmebrücken und Schimmel sind und kleine Wohnungen im Idealfall weniger, aber dafür größere Zimmer haben.

Beispiele für Analysekriterien, auf die sich die allgemeinen Qualitätskriterien für Immobilien gut anwenden lassen, nennt Jörg Winterlich im *Jahrbuch der Immobilienwirtschaft 2013*:

- „Bautyp und Ausstattung
- Lage
- Bauwerksqualität
- Gebäudetechnik
- Grundstückseigenschaften
- Mieterstruktur und Mieterbedarf [Dieses Kriterium ist wichtig, wenn man die Immobilie mit Mietern übernehmen möchte.]
- Verwaltung
- Instandhaltung
- Dokumentation
- Verkehrsanbindung
- finanzielle Kennzahlen
- Umbau- und Umnutzungsmöglichkeiten“

Die **Unternehmensanalyse und Immobilienanalyse definieren bei der SWOT-Technik die Stärken (Strengths) und Schwächen (Weaknesses)**. Zur Analyse der Chancen (Opportunities) und Threats (Bedrohungen) führt man die Umweltanalyse (auch: Umfeldanalyse) durch, die der zweite Teil der SWOT-Technik ist.

## Durchführung der Umweltanalyse

Die Abgrenzung der Unternehmensanalyse/Immobilienanalyse von der Umweltanalyse zeichnet sich nicht nur dadurch aus, welche Aspekte (Stärken, Schwächen, Chancen oder Risiken) analysiert werden. Im Gegensatz zu den Stärken und Schwächen eines/r Unternehmens/Immobilie, die weitestgehend ein Tatsachenbestand sind und sich klar bewerten sowie verändern lassen (z. B. durch neues Personal im Unternehmen, durch Renovierungsmaßnahmen an der Immobilie), sind die **Chancen und Risiken aus dem Umfeld ein unsicherer Analysefaktor**.

Die Unsicherheit der Umweltanalyse gilt sowohl bei Unternehmen als auch bei Immobilien. Zwei Auszüge aus Quellen, die diese These bestätigen, folgen nun, beginnend bei der **Umweltanalyse für Unternehmen**:

> „Während bei der Unternehmensanalyse weitgehend auf relativ sichere Informationen über vorliegende Tatbestände abgestellt werden kann und auch die Auswahl der relevanten Daten keine unüberwindlichen Schwierigkeiten bietet, geht es in der Umweltanalyse um die bedeutend anspruchsvollere Aufgabe, zukünftige Entwicklungen einer vielschichtigen Umwelt abzuschätzen und in ihrer Bedeutung für das eigene Unternehmen zu beurteilen [...]. Es handelt sich dabei um eine ausgesprochen schlecht strukturierte Problemstellung, für deren Lösung das interne Informationswesen in der Regel wenig Unterlagen liefert." (Thommen/Achleitner et al., 2017)

Jörg Winterlich stellt eine vergleichbare These in Bezug auf die **Umweltanalyse für Immobilien** auf:

> „Die Stärken und Schwächen beziehen sich [...] auf das konkret zu erwerbende Objekt und bezeichnen die Tat-

> sachen, die man unmittelbar käuflich erwirbt beziehungsweise auf die man teils einen wesentlichen Einfluss ausüben kann. Die Chancen und Risiken beziehen sich auf die externen Faktoren, wie das unmittelbare Umfeld, die generelle Mietentwicklung etc., auf die man keinen oder nur einen sehr eingeschränkten Einfluss hat." (Winterlich, 2013)

Obwohl Unsicherheit grundsätzlich ein negativer, weil ein ungewisser Einfluss auf Analysen ist, kann bei der aktuellen **Entwicklung des Immobilienmarktes** mit stetig steigenden Kaufpreisen und Mieten sowie dem steigenden Wohnbedarf davon ausgegangen werden, dass sich **die unsicheren Aspekte eher positiv entwickeln** werden. Um diese Aussage zu verstehen, werden zunächst Beispiele für Aspekte der Umweltanalyse bei Unternehmen genannt. Auch an dieser Stelle wird auf eine Aufzählung des Experten Jörg Winterlich zurückgegriffen, der folgende Themenpunkte für Chancen und Risiken eines Immobilieninvestments nennt:

- „selbst erzielbare Aufwertungschancen/Reservenutzungen am Objekt
- Veränderungen des Mikro- und Makroumfeldes
- Veränderungen in Einwohnerstruktur + Arbeitsmarkt + Einkommen
- Veränderungen in Industrie- und Gewerbelandschaft
- Ausbau oder Stilllegung von Verkehrsinfrastruktur
- Sanierungsgebiete
- rechtliche Änderungen und Zwänge (zum Beispiel EnEV)
- Änderungen in der Steuergesetzgebung
- Marktnachfrage im privaten und professionellen und institutionellen Bereich"

Betrachtet man beispielsweise den Aspekt „Veränderungen in Einwohnerstruktur + Arbeitsmarkt + Einkommen", so stellt man fest, dass die generelle Entwicklung in Deutschland positiv ist. Ungeachtet der negativen wirtschaftlichen Auswirkungen durch die Corona-Pandemie und den Angriffskrieg von Russland gegen die Ukraine, ist in spätestens 5 Jahren von einem weiteren Zuzug an Einwohnern auszugehen. Zusätzliche Arbeitsplätze und neue Betriebe werden geschaffen. Vorzugsweise lassen sich die Betriebe in Großstädten nieder, aber nicht nur dort. Im Umland von Großstädten und auch in Kleinstädten wird voraussichtlich die Menge an Arbeitsplätzen steigen und damit auch der Wohnbedarf. Natürlich ist diese Prognose spekulativ, doch genau hierin verbirgt sich der unsichere Charakter der Umfeldanalyse: Was passieren wird, weiß niemand.

**Angesichts der Entwicklung der letzten Jahrzehnte dürfte auch die Zukunft für Immobilieninvestments positiv sein.** Die guten Auswirkungen beim Aspekt „Veränderungen in Einwohnerstruktur + Arbeitsmarkt + Einkommen“ hätten wiederum weiteren positiven Einfluss auf Kriterien der Umweltanalyse wie „Marktnachfrage im privaten Bereich“, „Veränderungen in Industrie- und Gewerbelandschaft“ sowie „Ausbau oder Stilllegung von Verkehrsinfrastruktur“.

Nun geht es unter Zuhilfenahme der SWOT-Immobilienanalyse darum, Immobilien auszuwählen, die die meisten Stärken und die höchsten Chancen aufweisen, aber möglichst wenige Schwächen und Risiken haben. Üblicherweise werden Sie im Rahmen einer Risikoanalyse feststellen, dass die Investition in Großstädten sehr unsicher ist, weil hier die meisten negativen Risiken in Form von „rechtlichen Änderungen und Zwängen“ drohen, wie sich z. B. anhand der Mietpreisbremse zeigt.

Abgesehen von der Auswahl einer Immobilie mit möglichst vielen Stärken und Chancen ist es ratsam, **Immobilien zu wählen, bei denen sich die vorliegenden Stärken mit den möglichen Chancen gut ergänzen**. Eine Immobilie, die z. B. eine gute Lage als Stärke hat, würde sich gut mit der Chance auf einen weiteren Ausbau der Infrastruktur oder den Aufbau eines Betriebsstandorts in unmittelbarer Umgebung ergänzen. Durch den Ausbau der Infrastruktur würde eine noch bessere Erreichbarkeit der Immobilie gewährleistet und durch den Aufbau eines Betriebsstandorts würde die Attraktivität der Immobilienlage für Arbeitnehmer vergrößert. Je bekannter der Betrieb sein und je mehr Arbeitnehmer dieser beschäftigen sollte, umso besser wäre die zu erwartende positive Entwicklung der Immobilie.

Nicht nur die Stärken und Chancen einer Immobilie sollten sich gut ergänzen. Auch dann, **wenn Risiken bestehen, aber sich diese durch die Stärken der Immobilie gut abfedern lassen**, liegt ein positiver Einfluss auf die Umweltanalyse der Immobilie vor. Außerdem ist es gut, wenn die Chancen einer Immobilie eine realistische Aussicht darauf bieten, die Schwächen der Immobilie zu mindern oder gar zu neutralisieren.

## Fragenkatalog: Erkenntnisse aus der SWOT-Immobilienanalyse gewinnen

Der folgende Fragenkatalog, der Ihnen helfen soll, die SWOT-Immobilienanalyse umfangreich und unter Berücksichtigung der relevantesten Faktoren auszuwerten, knüpft an die Aspekte des vorigen Absatzes an. Sie lernen Fragen kennen, die Sie daran erinnern werden, dass sich **Stärken und Chancen, Stärken und Risiken sowie weitere Analysefaktoren möglichst zu Ihrem Vorteil ergänzen** sollten. Darüber hinaus werden Sie eine Auswahl an Fragen erhalten, die Ihnen dabei helfen, die **Risiken bei der Immobilieninvestition gering zu halten**.

Geben Sie sich bei der Beantwortung der folgenden Fragen Mühe. Betrachten Sie den Fragenkatalog als Hausaufgaben, die Sie nach oder schon vor der Besichtigung der Immobilie machen müssen, damit Sie überhaupt erst die Chance haben, ein gutes und renditestarkes Investment zu tätigen.

Die Beantwortung der Fragen mündet im Idealfall in der Erkenntnis, dass die Immobilie ein gutes Investment für Sie ist, weil sie die Aussicht auf eine hohe Wertsteigerung bietet, sich parallel zu einer Finanzierung mit positivem Cashflow vermieten lässt oder unterbewertet ist und sich zügig zu einem höheren Preis wiederverkaufen lässt oder sich ein anderes positives Fazit ergibt.

Fragenkatalog zur SWOT-Analyse

- Welche Stärken und Chancen der Immobilie ergänzen sich zu Ihrem Vorteil?
- Ist es aufgrund der Chancen, die die Immobilie bietet, möglich, die Schwächen in Stärken umzuwandeln?
- Auf welche Weise können Sie die Stärken dazu nutzen, um die Risiken zu mindern? Ist die Minderung der Risiken überhaupt möglich?
- Besteht die Möglichkeit, Schwächen abzubauen, um dadurch die Risiken zu verringern?

Fragenkatalog zur Identifizierung und Minimierung der Risiken

- Welche Risiken existieren und wie wahrscheinlich ist deren Eintritt?
- Ist es möglich, sich gegen die Risiken abzusichern? Wenn ja: Wie?
- Was sind die Schäden, die ein Eintritt der Risiken verursachen könnte?
- Welche Maßnahmen lassen sich bei einem Eintritt von Schäden zur Schadensbegrenzung ergreifen?
- Komme ich selbst mit der Minimierung der Risiken und/oder Behebung der Schäden zurecht oder bin ich auf Hilfe von außen angewiesen?

## Besonderheit der SWOT-Analyse: Vorausschauende Investments

Einige Bestandteile der SWOT-Analyse sind für Immobilienunternehmer nichts Neues. Beispielsweise ist die Identifizierung von Stärken und Schwächen einer Immobilie, bei der Aspekte des Umfelds (z. B. demografischer Wandel, Mietentwicklung, Lagekriterien) eine zentrale Rolle spielen, das täglich Brot von Immobilieninvestoren, Vermietern und Maklern. Was allerdings neuartig ist und die SWOT-Analyse zu einem äußerst hilfreichen Werkzeug in der Immobilienanalyse macht, ist …

- zum einen die Tatsache, dass die SWOT-Analyse zu einer **besonders gründlichen Umfeldanalyse** beiträgt, die viele Immobilieninvestoren kaum durchführen.
- zum anderen der Vorteil, dass die Chancen und Risiken aus der **Umfeldanalyse mit den individuellen Stärken und Schwächen** der Immobilie abgeglichen werden.

Diese beiden Umstände führen dazu, dass im Zuge der SWOT-Analyse eine **bemerkenswert ganzheitliche Evaluierung des Investitionsobjekts** erreicht wird. Zudem regt die Durchführung der SWOT-Technik dazu an, vorausschauende Investitionsentscheidungen zu treffen, denn die Chancen-Risiko-Analyse ist von Prognosen über zukünftige Entwicklungen geprägt.

## Beispiel: Mehrfamilienhaus in Dresden, Baujahr 1930

Um ein Beispiel für die Anwendung der SWOT-Analyse anzuführen, soll eine Analyse des Autors Jörg Winterlich herangezogen werden, die er im *Jahrbuch der Immobilienwirt-*

*schaft 2013* teilt. Er berichtet von einem konkreten Investitionsobjekt, das sich in Dresden befindet und in dem 14 Wohnparteien Platz finden.

Die Abgleiche der **Stärken mit den Chancen und Risiken** sowie der **Schwächen mit den Chancen und Risiken**, die für das Investitionsobjekt durchgeführt wurden, werden im Folgenden tabellarisch dargestellt.

<u>Abgleich der Stärken mit den Chancen und Risiken</u>

| | **OBJEKTFAKTOREN**<br>**S = STÄRKEN** |
|---|---|
| | Solide Bauweise 1930, Wärmedämmung, neue Fenster, Dach solide, größeres Grundstück mit Innenhof, Balkone und Loggias, umfassende Objektdokumentation (Unterlagen), insb. 2- und 3-R-WE mit praktischen Grundrissen, Wohnlage nahe zu Erholungsgebiet, 10 min per Bahn in Stadtzentrum, 10 min per Bus zur Uni, gute WE-Nachfrage, guter Einkaufspreis, bereits positiver Cashflow ab Tag 1, stabile solide Mietverträge, Mieter sehen das Haus als „ihr Haus“, reiner Wohnbau > vergleichsweise einfache Finanzierung |
| **UMWELTFAKTOREN**<br>**O = CHANCEN**<br>Entwicklung des Mikro-Umfeldes, Vergrößerung der Wohnnachfrage, Stadt wird auch von internationalen Anlegern / Investoren entdeckt | **SO = Stärken-Chancen-Abgleich**<br><br>Stärken und Chancen nutzen<br>▪ kpl. WE-Renovierung bei Auszug und höhere Neuvermietung<br>▪ „Luft“ für weitere Mietanpassungen im Bestand ab Jahr 4<br>▪ ggf. Verkauf bei hohem Gebot |

| **UMWELTFAKTOREN<br>T = RISIKEN** | **ST = Stärken-Risiken-Abgleich** |
|---|---|
| Unerwartete Instandhaltungsprobleme, vermehrter Mieterauszug nach Mietanpassungen, Erhöhung des Verkehrslärms, Problemmieter | Stärken nutzen und Risiken abmildern<br>▪ bei Bedarf erhöhte Neuvermietungsaktivitäten und Zusatznutzen für Mieter bieten<br>▪ verstärkte Vermietung an Studierende oder junge Familien mit Kind<br>▪ 4-stufige Prüfung aller neuen Mietinteressenten<br>▪ verstärkter Mieterauszug ist aktuell sogar Vorteil<br>▪ maximale Nutzung der steuerlichen Optimierung (Renovierungs- und Instandhaltungsaufwand) |

Quelle: Winterlich (2013)

## Abgleich der Schwächen mit den Chancen und Risiken

| | **OBJEKTFAKTOREN<br>W = SCHWÄCHEN** |
|---|---|
| | Partieller Instandhaltungsrückstau, optisch „grausame" Treppenhäuser, optisch überarbeitungsbedürftiger Außenbereich, mittlere Verwaltungsqualität, Wohnungen technisch i. O., aber optisch veraltet (Teppich, Bäder), Lage an lauter Hauptstraße mit Straßenbahn, zwei Tankstellen in unmittelbarem Umfeld, defekt, partielle Feuchte im Kellerbereich, mittlere bis einfache Wohnlage, keine Garagen / Stellplätze, Hausmeister ist selbst Mieter im Haus und benimmt sich teils wie der „Herr" im Objekt, meist ältere Leute im Haus |

| | |
|---|---|
| **UMWELTFAKTOREN**<br>**O = CHANCEN**<br>Entwicklung des Mikro-Umfeldes, Vergrößerung der Wohnnachfrage, Stadt wird auch von internationalen Anlegern / Investoren entdeckt | **WO = Schwächen-Chancen-Abgleich**<br><br>Schwächen abbauen + Chancen nutzen<br>▪ Mietanpassungen lt. Mietspiegel und Vergleichsmieten (Umgebung)<br>▪ Neugestaltung Treppenhäuser<br>▪ Aufarbeitung Außenbereich<br>▪ Treppenaufgang instand setzen<br>▪ Feuchtigkeitsproblem lösen (Trocknung)<br>▪ Angebot an Bestandsmieter zu Renovierung gegen „Aufgeld"<br>▪ optische Highlights setzen<br>▪ Verwalter ersetzen<br>▪ Hausmeister ersetzen |
| **UMWELTFAKTOREN**<br>**T = RISIKEN**<br>Unerwartete Instandhaltungsprobleme, vermehrter Mieterauszug nach Mietanpassungen, Erhöhung des Verkehrslärms, Problemmieter | **WT = Schwächen-Risiken-Abgleich**<br><br>Schwächen abbauen und Risiken vorbeugen<br>▪ ausführlicher bautechnischer Objektcheck vor dem Kauf<br>▪ Mängelliste mit „Preisen" für Einkaufsverhandlungen<br>▪ Planung der „Renovierungs- und Instandhaltungsmaßnahmen" mit ausführlicher Zeitraum-Kosten-Aufstellung (wgn. 15-Prozent-3-Jahre-Grenze und Risiko des steuerlichen Ansetzungsverlustes)<br>▪ optional weitere Lärmschutzmaßnahmen, insb. „Eindringlücken" erkennen (oft eingeschränkte Möglichkeiten) |

Quelle: Winterlich (2013)

Aus diesem Beispiel für die Durchführung einer SWOT-Analyse wird deutlich ersichtlich, dass eine sehr genaue und sorgfältige Analyse, wie sie in diesem Beispiel vorliegt, nicht nur eine bloße Aufstellung der Stärken, Schwächen, Chancen und Risiken hergibt. Vielmehr lassen sich **aus der Analyse Hand-**

**lungsempfehlungen ableiten**, die im Falle einer tabellarischen Visualisierung der Analyse auf Anhieb erkennbar sind.

## Zusammenfassung

- Bei der SWOT-Immobilienanalyse werden die Stärken und Schwächen der Immobilie untersucht. Hierbei ist es von großer Bedeutung, die Stärken-und-Schwächen-Analyse so durchzuführen, dass angemessene Erwartungen bestehen: Es wäre beispielsweise unangemessen, an die Architektur von Immobilien in Nicht-Industriestaaten dieselben qualitativen Ansprüche wie an Immobilien in Deutschland zu stellen.
- Im Anschluss an die Stärken-und-Schwächen-Analyse werden Überlegungen bezüglich des Immobilienumfelds angestellt. Es sind sowohl aktuelle Geschehnisse zu berücksichtigen als auch mögliche künftige Entwicklungen zu prognostizieren. Am Ende dieser Überlegungen sollten möglichst viele Chancen und Risiken des Investitionsobjekts zusammengetragen sein.
- An die SWOT-Analyse schließt sich deren Auswertung an. Zur Auswertung werden die Stärken, Schwächen, Chancen und Risiken in Bezug zueinander gesetzt. Ziel dieser Auswertung ist, Erkenntnisse darüber zu sammeln, wie sich die Stärken und Chancen ausbauen sowie die Schwächen und Risiken der Immobilie minimieren lassen.
- Auf Basis der Erkenntnisse aus der SWOT-Analyse und deren Auswertung wird entschieden, ob eine Investition in die analysierte Immobilie eine gute Entscheidung ist. Daraufhin wird in die Immobilie investiert und es werden Maßnahmen ergriffen, die zur Verbesserung der Stärken und Chancen sowie zur Minderung der Schwächen und Risiken der Immobilie beitragen.

# Abschluss

Nicht immer reicht es für die Auswahl der richtigen Investitionsobjekte aus, allgemeine Kriterien wie die Lage, den Zustand, den Kaufpreis und das Zukunftspotenzial der Immobilie einzuschätzen. In die Bewertung einer Immobilie und die Investitionsentscheidung müssen hin und wieder weitere Aspekte einbezogen werden.

Bei einigen Strategien – Fix & Flip ist hierfür das ideale Beispiel – wird die Auswahl von Immobilien sogar so getroffen, dass gezielt Immobilien in sanierungs- oder renovierungsbedürftigem Zustand gekauft werden. Dies hat zur Folge, dass die Toleranz gegenüber Immobilien mit Mängeln wesentlich größer ist als bei der Investition in Immobilien, die schnellstmöglich vermietet werden sollen.

In den verschiedenen Investitionsstrategien und Techniken zur Immobilienauswahl spiegelt sich vor allem wider, **wie vielfältig Sie in Immobilien investieren können**. Das zurzeit durch viele Immobilienvertriebe vermarktete Konzept, durch Mieteinnahmen Immobilien zu finanzieren und einen Immobilienbestand aufzubauen, ist bei aller Popularität und Sinnhaftigkeit nicht für jeden Immobilieninvestor die richtige Investitionsstrategie.

- Wer gern aktiv ist und sein Vermögen schneller vermehren möchte, findet im Fix & Flip die beste Investitionsstrategie und wählt die Investitionsobjekte anders als ein Vermieter. Diese Investitionsstrategie geht meist damit einher, dass ein Gewerbe geführt wird: Der An- und Verkauf von Immobilien und die Zusammenarbeit mit Dienstleistern wie Handwerksunternehmen und Immobilienmaklern sorgt dafür, dass die Immobilieninvestoren viel mit Menschen in Kontakt sind und sich ständig mit den Arbeiten an der Immobilie befassen müssen.

- Sollte eine Person in ihrem Leben viel Zeit in Deutschland verbracht und hart gearbeitet haben, um ausreichend Kapital für die Investition in Immobilien zusammenzusparen, hat diese Person nun die Chance, im Ausland in Immobilien zu investieren und somit die Immobilieninvestments mit der Erkundung anderer Länder Europas zu verknüpfen. Die Auswahl der Objekte hat in diesem Fall mit stärkerem Blick auf die rechtlichen und steuerlichen Aspekte der jeweiligen Staaten zu erfolgen.
- Wenn man das Risiko nicht scheut, sondern sogar gern eingeht, kann man in preisreduzierte Immobilien investieren, die beispielsweise mit einem Nießbrauchrecht verkauft werden. In diesem Fall spekuliert der Investor auf ein baldiges Ableben der Person mit Nießbrauchrecht, um schnellstmöglich den maximalen Profit aus dem Investment zu generieren. Zweifellos mag dies auf der einen Seite keine moralisch einwandfreie Art eines spekulativen Investments sein, doch auf der anderen Seite sind Investitionen in Wertpapiere von Unternehmen aus der Waffen- und Rüstungsindustrie ebenfalls nicht unumstritten.

In diesem Ratgeber haben Sie sich weniger mit der Umsetzung verschiedener Strategien zur Investition in Immobilien befasst, sondern der Fokus galt den Techniken, mit denen Sie Investitionsobjekte bestmöglich auswählen können. Dank dieses Schwerpunkts wird Ihnen die Auswahl von Immobilien voraussichtlich leichter fallen, wodurch **Ihr Investment überdurchschnittlich sicher** sein könnte: Schon vor der

Besichtigung werden Sie sich vorausschauend informieren und dadurch die Immobilien umsichtiger wählen.

Insbesondere die **SWOT-Analyse** mit ihren **detaillierten analytischen Merkmalen** fördert eine Immobilienauswahl, bei der die Schwächen und Risiken erkannt und durch Umsetzung adäquater Gegenmaßnahmen auf ein Minimum reduziert oder sogar eliminiert werden. Gleichzeitig werden die Stärken und Chancen identifiziert und durch die Realisierung angemessener Maßnahmen verstärkt. Die SWOT-Analyse ist bei jedem Immobilieninvestment anwendbar. Wenn Sie die Analyse mit größter Sorgfalt durchführen, erhöhen Sie die Erfolgswahrscheinlichkeit jeder Investition in Immobilien erheblich.

Nun sind Sie am Zug, die Ratschläge, Erklärungen, Anleitungen und konkreten Beispiele in diesem Ratgeber auf der Suche nach Investitionsobjekten umzusetzen. Vor allem bei der Investition in Auslandsimmobilien und beim Flix-&-Flip-Konzept können sich Fehler äußerst fatal auswirken. Handeln Sie daher **lieber zu vorsichtig als zu risikobereit**. Die Informationen in diesem Ratgeber befähigen Sie dazu, vorausschauende Investments mit maximalem Ertragspotenzial zu tätigen. Lassen Sie sich im Zweifelsfall immer von Experten oder erfahrenen Unternehmern und Investoren beraten.

Viel Erfolg dabei!

# Quellenverzeichnis

## Literatur-Quellen:

Akademische Arbeitsgemeinschaft: Immobilien verkaufen oder verrenten? Mehr Geld im Alter. Mannheim: Akademische Arbeitsgemeinschaft Verlagsgesellschaft, 2020.

Brauer, K.-U.: Grundlagen der Immobilienwirtschaft. Recht – Steuern - Marketing – Finanzierung – Bestandsmanagement – Projektentwicklung. Wiesbaden: Springer Gabler, 2019. 10. Auflage.

Berger, F.: Richtig investieren in ausländische Immobilien. Anleitung zu Finanzierung, Kauf und Verwaltung in ausgewählten Ländern. Ort unbekannt: Selbstauflage, 2019.

Claßen-Kövel, P.: Erfolgreich Immobilien ersteigern. Ort unbekannt: Compact Immobilien Ratgeber, 2003.

Ebersbach, B.: Immobilien ankaufen und mit Gewinn verkaufen. Praxiswissen zum Immobilienhandel und der Fix&Flip-Strategie. Wie Sie die richtigen Objekte finden, bewerten, sanieren und weiterverkaufen. Hamburg: Aktivum Invest BE, 2020.

Ebersbach, B.: Immobilien kaufen, vermieten und Geld verdienen. 5 goldene Schritte zu passivem Einkommen aus Wohnimmobilien. Erfolgreich investieren, Vermögen aufbauen und die finanzielle Freiheit erreichen. Hamburg: Aktivum Invest BE, 2020.

Götz, U.: Sachkunde Immobiliardarlehensvermittlung. Fachwissen zur Vorbereitung auf die IHK-Sachkundeprüfung für die Immobiliardarlehensvermittlung nach § 34i GewO. Karlsruhe: VVW Vermögensverwaltungs GmbH & Co. KG, 2018.

Grosenick, L.; Ortner, G.: Immobilien kaufen lassen. Köln: inmedia Verlag GmbH, 2016.

Haase, F.; Jachmann, M.: Beck'sches Handbuch Immobiliensteuerrecht. Erwerb, Nutzung, Veräußerung. München: Verlag C.H.Beck, 2020. 2. Auflage.

Hammer, T.: Meine Immobilie finanzieren. Düsseldorf: Verbraucherzentrale NRW, 2018.

Hebisch, B.: Immobilien richtig besichtigen. Taunusstein: Blottner Verlag GmbH, 2018.

Klümpen-Neusel, C.: Immobilien klug vererben. Steueroptimierende Gestaltungen. Herne: NWB Verlag, 2021.

Lange, D.: Immobilien Fix und Flip – kaufen, sanieren und mit Gewinn weiterverkaufen. Braunschweig: Dirk Lange, 2020.

Mannek, W.: Profi-Handbuch Wertermittlung von Immobilien. Regensburg: Walhalla u. Praetoria Verlag GmbH & Co. KG, 2016.

Misar, P.: Lizenz zum Immobilientycoon. Der Schnelleinstieg zum Immobilien-Investor. Bonn: VNR Verlag für die Deutsche Wirtschaft, 2017.

Nöllke, M.: Immobilien erwerben. Auswahl, Finanzierung, Steuern, Vermietung. Freiburg im Breisgau: Rudolf Haufe Verlag, 2017.

Pachowksy, R.: Profi-Handbuch Wohnungs- und Hausverwaltung. Regensburg: Walhalla u. Praetoria Verlag GmbH & Co. KG, 2017.

Renk, E.: Die besten Steuerstrategien für Immobilieninvestoren. Wie du mit Immobilien dein Einkommen steigerst und Steuern sparst. München: FinanzBuch Verlag, 2021.

Schäfer, Dr. J.; Conzen, G.: Praxishandbuch Immobilien-Investitionen. Anlageformen, Ertragsoptimierung, Risikominimierung. München: Verlag C.H.Beck, 2020. 4. Auflage.

Schulze, E.: Immobilien- und Baufinanzierung. Freiburg im Breisgau: Rudolf Haufe Verlag, 2013.

Schulze, E.; Stein, A.; Tietgen, A.; Möller, S.: Immobilien als Geldanlage. Freiburg im Breisgau: Rudolf Haufe Verlag, 2020. 3. Auflage.

Sherman, L. D.: Introduction To Project Management For Your Fix And Flip. Ort unbekannt: Selbstauflage, 2019.

Siepe, W.: Immobilien verwalten und vermieten. Berlin: Stiftung Warentest, 2018.

Spencer, M.: The Guide to Fix and Flip real estate. Ort unbekannt: Selbstauflage, 2019.

Stimpel, R.: Das Immobilien-Set. Bedarfsanalyse, Besichtigungscheckliste, Finanzierungsplan, Kaufvertragsprüfung. Berlin: Stiftung Warentest, 2017.

Thommen, J.-P.; Achleitner, A.-K.; Gilbert, D. U.; Hachmeister, D.; Kaiser, G.: Allgemeine Betriebswirtschaftslehre. Umfassende Einführung aus managementorientierter Sicht. Wiesbaden: Springer Fachmedien Wiesbaden GmbH, 2017. 8. Auflage.

## Internet-Quellen:

aktuelle-grundstückspreise.de, *Grundstückspreise Neuenhagen bei Berlin* (07.11.2022). *www.aktuelle-grundstueckspreise.de/deutschland/brandenburg/maerkisch-oderland/neuenhagen-bei-berlin.*

Bladerunner64: YouTube, *Die Hochstapler (GERMAN Doku)* (03.06.2020). *www.youtube.com/watch?v=VhHMJedwbYE.*

Bundesministerium der Justiz: gesetze-im-internet.de, *Bürgerliches Gesetzbuch (BGB) § 558 Mieterhöhung bis zur ortsüblichen Vergleichsmiete* (07.09.2022). *www.gesetze-im-internet.de/bgb/__558.html.*

Bundesministerium der Justiz: gesetze-im-internet.de, *Einkommensteuergesetz (EStG). § 7h Erhöhte Absetzungen bei Gebäuden in Sanierungsgebieten und städtebaulichen Entwicklungsbereichen* (letzter Abruf: 07.09.2022). *www.gesetze-im-internet.de/estg/__7h.html.*

Bundesministerium für Justiz: gesetze-im-internet.de, *Einkommensteuergesetz (EStG). § 23 Private Veräußerungsgeschäfte* (letzter Abruf: 06.09.2022). *www.gesetze-im-internet.de/estg/__23.html.*

Bundesministerium für Justiz: gesetze-im-internet.de, *Grunderwerbsteuergesetz (GrEStG). § 3 Allgemeine Ausnah-*

*men von der Besteuerung* (letzter Aufruf: 06.09.2022). *www.gesetze-im-internet.de/grestg_1983/__3.html.*

das-baudenkmal.de, *Steuervorteile einer Denkmalimmobilie* (letzter Abruf: 07.09.2022). *www.das-baudenkmal.de/denkmalimmobilie-kaufen/die-vorteile.*

Deutsche Vertretungen Polen, *Wirtschaftslage in Polen* (03.08.2021). *polen.diplo.de/pl-de/02-themen/02-3-wirtschaft/02-wirtschaftslage-polen.*

exporo.de, *Altlasten* (letzter Abruf: 06.09.2022). *exporo.de/wiki/altlasten/.*

Hamidi, R.: wise.com, *Haus in Norwegen kaufen: Guide mit Checkliste* (10.08.2020). *wise.com/de/blog/haus-kaufen-norwegen.*

HAUFE, *Grunderwerbsteuer* (letzter Aufruf: 06.09.2022). *www.haufe.de/thema/grunderwerbsteuer.*

immoverkauf24, *Maklerprovision & Neuerungen in 2022 - Fragen & Antworten* (letzter Aufruf: 06.09.2022). *www.immoverkauf24.de/immobilienmakler/maklerprovision.*

immoverkauf24, *Notarkosten und Grundbuchkosten: Infos & Online-Rechner* (letzter Aufruf: 06.09.2022). *www.immoverkauf24.de/immobilienverkauf/immobilienverkauf-a-z/notarkosten-und-grundbuchkosten.*

Immowelt, *Grundstückspreise in Neuenhagen bei Berlin* (letzter Abruf: 07.11.2022). *www.immowelt.de/immobilienpreise/neuenhagen-b-berlin/grundstueckspreise.*

JURAFORUM, *Vermögen Definition und Erklärung im Zivilrecht sowie Strafrecht* (29.07.2022). *www.juraforum.de/lexikon/vermoegen.*

Kümpel, N.: wegatech, *WAS IST EINE GUTE ENERGIEEFFIZIENZKLASSE FÜR EIN HAUS?* (26.11.2021). *www.wegatech.de/ratgeber/energieeffizienzklasse-haus.*

Lipsky, A.: DAS INVESTMENT, *Warum die zweite Reihe bei Immobilien die erste Wahl ist* (02.01.2015). *www.dasinvestment.com/b-standorte-warum-die-zweite-reihe-bei-immobilien-die-erste-wahl-ist.*

manager magazin, *Ausländer kaufen verstärkt türkische Immobilien* (14.12.2021). *www.manager-magazin.de/finanzen/immobilien/lira-absturz-auslaender-greifen-bei-tuerkische-immobilien-zu-a-bfe9bc35-0586-4cdf-9ab4-4f0a712eb438.*

Mayer-Rüth, O.: *„Eines Nachts können wir kommen“* (06.09.2022). *www.tagesschau.de/ausland/europa/tuerkei-griechenland-drohungen-103.html.*

Miete-aktuell.de, *Bodenrichtwert Neuenhagen b. Berlin 2022 Grundstückspreise* (letzter Abruf: 07.11.2022). *www.miete-aktuell.de/bodenrichtwert-grundstueckspreise/Neuenhagen/Neuenhagen.*

Musterhaus.net, *Altlasten beim Grundstück: Vorsicht vor der Kostenfalle!* (25.02.2020). *www.musterhaus.net/ratgeber/altlasten-beim-grundstueck.*

Naus, I.: immowelt, *Möbliert vermieten – mehr Aufwand, aber mehr Geld vom Mieter* (01.10.2020). *ratgeber.immowelt.de/a/moebliert-vermieten-mehr-aufwand-aber-mehr-geld-vom-mieter.html.*

Neuhaus, C.: wertfaktor.de, *Gesamtverkauf mit Wohnrecht – was bedeutet das?* (18.05.2019). *www.wertfaktor.de/mediathek/artikel/gesamtverkauf-mit-wohnrecht-was-bedeutet-das.*

Oertel, A.: houzz.de, *Im Denkmal wohnen – Besonderheiten & Beachtenswertes* (26.04.2017). *www.houzz.de/magazin/im-denkmal-wohnen-besonderheiten-und-beachtenswertes-stsetivw-vs~82886338.*

Pfando, Liquiditätsengpass: Müssen Sie schnell Ihr Eigenkapital erhöhen? (letzter Abruf: 04.09.2022). *www.pfando.de/liquiditaetsengpass.*

realbest.de, *Baubeschreibung – ein wichtiges Dokument beim Immobilienverkauf* (letzter Abruf: 08.09.2022). *www.realbest.de/de/unterlagen/baubeschreibung.*

TAURIBA, *Fix und Flip – erfolgreich Objekte finden* (letzter Abruf: 07.09.2022). *www.tauriba.de/ratgeber/fix-und-flip-objekte-finden.*

Tydecks, H.: TAG24, *ABRISS! HISTORISCHES BERGCAFÉ IN BAD SCHANDAU WEICHT ALTENHEIM* (11.05.2021). *www.tag24.de/nachrichten/regionales/sachsen/abriss-historisches-bergcaf-in-bad-schandau-weicht-altenheim-1956720.*

Wilde, J.; van Ghemen, M.: HAUFE, *Abgrenzung von Anschaffungskosten, Herstellungskosten un ... / 5 Anschaffungsnaher Aufwand* (letzter Abruf: 08.09.2022). *www.haufe.de/recht/deutsches-anwalt-office-premium/abgrenzung-von-anschaffungskosten-herstellungskosten-un-5-anschaffungsnaher-aufwand_idesk_PI17574_HI2348786.html.*

Winterlich, J.: Jahrbuch der Immobilienwirtschaft 2013, *Die SWOT-Analyse für Investment-Immobilien* (letzter Abruf:

19.10.2022; 13:03 Uhr). *www.erfolgreich-mit-immobilien-investments.de/fileadmin/user_upload/Buch-Codes/Die_SWOT-Analyse_fuer_Investment-Immobilien.pdf.*

Printed in Germany
by Amazon Distribution
GmbH, Leipzig

31781877R00081